JN410210

콩나물과 어머니

최해남 수필집

콩나물과 어머니

인쇄| 2014년 1월 20일
발행| 2014년 1월 25일

글쓴이|최해남
펴낸이|장호병
펴낸곳|북랜드
135-936 서울 강남구 역삼동 832-7 황화빌딩 1108호
대표전화 (02) 732-4574 | (053) 252-9114
팩시밀리 (02) 734-4574 | (053) 252-9334

등록일| 1999년 11월 11일
등록번호| 제13-615호
홈페이지| www.bookland.co.kr
이-메일| bookland@hanmail.net

편집주간| 곽흥렬
편 집| 김인옥
영 업| 최성진

ISBN 978 89-7787-596-8 03810

값 15,000 원

콩나물과 어머니

최해남 수필집

북랜드

| 책 을 내 며 |

시간의 무게를 느낄 만큼 꽤 긴 여행을 하고 있는 것 같습니다. 삶이 고해苦海라고 하나, 돌이켜보면 작은 아름다움도 반짝이는 것 같습니다. 조개의 상처에서 진주가 달리듯이 지난날의 아픔들이 추억의 꽃으로 피곤 합니다. 첫 작품집 『굴뚝새가 그리운 것은』에 이어 『빵끼통』을 펴내고, 8년여의 숙성 과정을 거쳐서야 세 번째 작품집 『콩나물과 어머니』를 내놓게 되어 여간 기쁘지 않습니다.

나의 삶에 있어서 어머니는 용기의 원천이었고, 어려움을 딛고 일어서는 버팀목이었습니다. 끊임없이 시도하고 앞으로 나아갈 수 있도록 등을 두드려 주었습니다. 말이 아닌 행동으로, 눈빛으로, 어려움을 다 받아들이는 사랑으로 나의 가슴속에 깊숙이 자리하고 있었기에 이만큼 성장할 수 있었습니다.

나의 글 속에도 어머니의 혼이 묻어 있습니다. 저세상으로 가실 때에도 아내의 손을 잡고 "고생 많이 했다."라는 말씀을 남겼습니다. 나이가 먹는다고 어머니를 잊어버리는 것이 아니고, 굽이마다 나직이 불러보곤 합니다.

나는 지금 11번째 시도를 하고자 합니다. 이제까지 살아온 나의 공직 전 생애를 시민에게 봉사하는 데 쏟아 넣을까 합니다. 자연인으로서의 새로운 삶은 그리 쉽지만은 않을 것 같습니다. 칡넝쿨처럼 이리저리 엮어진 '인연'에 기대어 그 힘으로 나아갈까 합니다. 많은 격려와 충고를 부족한 창고 속에다 차곡차곡 쌓아 가겠습니다. 연어가 폭포를 차오르듯 새로운 삶을 향해 끊임없는 시도를 할 것입니다.

아내는 돋보기안경을 끼고 "이 영감 뭣 써놨노?" 하면서 원고를 뒤적이고, 사랑하는 딸 인혜와 아들 상흠이는 덩달아 미소가 번집니다. 세상 살아가는 법은 남을 사랑하고, 어려움을 딛고 끊임없이 시도하면서 노력해 나가는 것이라고 말해주고 싶습니다.

세 번째 이파리를 달고 보니 조금은 안정이 되는 것 같습니다. 늘 애정을 가지고 격려해 주시는 현대수필 윤재천 교수님을 비롯한 문우 여러분과 정성껏 책을 만들어주신 북랜드 장호병 사장님께도 깊은 감사를 드립니다.

남포南浦 최해남

차례

2부 • 소중한 시간을 위하여

3부 • 횃대를 향한 날갯짓

4부 • 콩나물과 어머니

5부 • 끊임없이 시도하는 삶은 희망을 만든다

1
단풍나무 꽃씨

단풍나무 꽃씨

단풍나무 숲길을 걷다가 문득 팔랑개비처럼 타원형으로 생긴 작은 꽃씨 주머니를 발견했다. 양쪽으로 한 치의 오차도 없이 균형이 잡힌 씨앗 두 개가 시선을 붙잡는다. 어디든지 날아갈 수 있는 접시 비행기와 같아 보인다. 서로 마주보며 팔을 꼭 껴안고 있는 게 영판 천진난만한 악동들의 모습이다. 바라만 보아도 절로 웃음이 새어 나온다. 꽃씨 하나를 따서 손바닥에 올려 보았다. 짜릿한 생명의 숨길이 전류를 타고 흐른다. 종족을 번식시켜 보려는 옹골찬 어버이의 심정이 녹아서일까. 틈새가 보이지 않는 바위처럼 단단해 보인다. 잠자리 날개 같아 보이기도 하고, 작은 부메랑 같아 보이기도 한다. 누가 이렇게 과학적인 유선형의 고운 날개를 만들어 붙였단 말인가. 너무도 단단하고 아름답고 유연하고 날렵하다. 게다가 단풍의 자식 아니랄까 봐 씨껍질에도 붉은 무늬를 살포시 걸쳤다.

하나로 날면 외로울세라 둘씩 묶어서 떠나보내는 저 깊은 어버이의 속정. 단풍나무는 이 작은 씨앗들을 위해 모든 것을 다 바친다. 낮에는 고운 볕을 골라 쪼이고, 밤이면 하늘의 별들을 모아 도란도란 꿈 이야기를 들려주곤 한다. 밤낮으로 껴안고 볼 비비며 한때를 기다리고 있는 것이다.

오뉴월 뙤약볕을 가리어 주는 단풍나무 숲길을 걸으면서 생명의 소중함을 느껴본다. 남에서 불어오는 훈풍에 작은 싹을 틔우고, 봄비를 맞으며 순정에 애태우던 너. 이제 소나기를 거쳐 천둥소리에도 놀라지 않을 만큼 다부진 어깨를 펴고 있다. 오로지 붉은 태양을 안고서 다음 세대를 위한 열매를 성숙시키기 위해 아름다운 기도를 올리고 있는 것이다. 꿈은 가슴에 안는 대로 열린다더니 잎새마다 붉은 꿈이 열릴 때쯤 저 꽃씨들 새로운 삶을 찾아 흩어지겠지…….

단풍나무 곱게 물든 가을 길을 걸을 때 아무도 단풍나무 꽃씨의 떠남을 알지 못한다. 곱게 물든 단풍의 자태에 빠져버린 채 다른 것은 보지 못하는 한계를 어찌하랴. 찬바람 한 줄기 불어올 때 나무에 기대어 씨앗들을 떠밀어내는 단풍나무의 손길을 바라보라. 기름기 흐르고 볕살 좋은 곳에 안착하기를 바라는 염원이 묻어 붉게 타 들어가고 있지 않은가. 꽃처럼 예쁜 아름다움 뒤에 이처럼 가슴을 태운 아름다움이 깃들어 있을 줄은…….

직장생활을 하기 위해 고향집 사립짝을 나설 때, 어머니는 저 단풍나무처럼 문짝에 기대어 손을 흔들어주셨다. 단풍나무 씨앗이 바람에 흩날릴 때 어머니의 기도를 모르듯이 나는 세월이 많이 흐르고서야 물끄러미 어머니의 모습을 본 것이다. 자식을 키우고, 아픔을 겪고서야 희미하게 보이는 나의 우둔함을 어찌할까.

가장 예쁜 옷으로 갈아입고 먼 미지의 세계로 날아가도록 최선을 다하고 있는 단풍나무가 우러러 보인다. 아름다움을 통해 종족을 번식시켜 나가는 단풍나무의 지혜. 여름에는 푸른 잎사귀에 가리어 자라고, 가을이면 붉은 단풍에 휩싸여 아무도 모르게 영글어가는 꽃씨가 아닌가. 머잖아 그토록 추구해 오던 세계를 향해 힘찬 유영을 하리라. 산들바람 불고, 달빛 흐를 무렵이면 자신이 지향하는 곳을 찾아 흰 구름처럼 두둥실 날아갈 단풍나무 꽃씨.

단풍나무 꽃씨를 포갠 꽃 깍지에 날개가 달린다. 고추잠자리로 탈바꿈한다. 금방이라도 날개를 저으며 날아갈 채비를 하고 있다. 잊어버린 시절이 되살아난다. 그리움의 강가에 앉아 있는 눈동자 검은 소년이 된다. 푸르름의 터널에 생명, 환희의 축포가 퍼져나간다. 단풍나무 꽃씨가 다발로 엮어져 있는 생명의 숲길을 걸어간다. 소중함의 의미를 배우며, 가을을 기다리며.

무지개를 기다리며

어린 시절 농촌의 여름 풍경은 퍽이나 목가적이었다. 가뭄이 들면 콩밭이 타 들어가고 천정천 논바닥은 거북등처럼 갈라졌다. 하얗게 핀 찔레꽃 다발 위로 흰나비 떼가 날고, 개울가 미루나무 위에는 매미가 합창을 했다. 하늘 가득 조각구름이 피었는가 하면 이내 먹구름이 몰려오곤 했다. 얼굴이 까맣게 타고, 배꼽을 드러낸 아이들은 배고픔 속에서도 웃음을 잃지 않았다. 머잖아 비님이 내리고, 서쪽 하늘에 일곱 빛 무지개가 내걸릴 거라는 희망이 있었기 때문이다.

요즈음 연일 수은주가 30℃를 넘나드는 무더위가 계속되고 있다. 만나는 사람마다 "더우시죠?"가 인사다. 에어컨, 대형냉장고 등 가전제품의 사용량이 너무 많아져 전력공급에 비상이 걸렸다. 산업용 전력이 스톱되는 날이면 우리의 생명줄인 수출용 생산의 차질은 불문가지이다. 더운 게 이뿐이 아니다. 그리스, 스페인으로 이어지는 유로존의 금융위기로 세계경제가 곤두박질을 치고 있다. 선진국 시장의 소비수요가 줄어들어 우리나라 수출 전선에도 빨간 불이 켜졌다. 10여 년간 호된 구조조정을 겪고 수출 증가율 두 자리 수를 구가하던 섬유산업도 어렵기는 마찬가지이다. 게다가 민생의 고통을 덜어주어야 할 정치판은 대권을 잡는 샅바 싸움에만 열중하고 있으니 민초들이 더위를 먹을 수밖에야.

우리가 언제 일기예보 수치에 민감했던가. 국민소득 1,000불 이전 시대에는 기온이 몇 도라는 것은 국립관상대용에 불과했다. 예전에도 더웠다. 다만 호들갑이 없었을 뿐이다. 오뉴월 땡볕 아래서 보리도 베고, 콩밭에 김매기도 했었다. 날씨가 더우면 우물물을 두레박으로 길어다가 시원하게 목물 한 번이면 족했다. 수박을 우물에 드리워 놓았다가 가족들이 모여앉아 깨어 먹는 즐거움을 어찌 에어컨 바람에 견줄 수 있으랴. '덥다덥다' 하면 더 더운 법이다. 이열치열以熱治熱이란 말이 있다. 지금도 시골의 어머니들은 이 더위에 호미를 들고 밭으로 나가시지 않은가. 지금 우리가 겪고 있는 모든 더위를 한방에 날려 보낼 수 있는 방법은 딱 한 가지 우리의 열정을 더 뜨겁게 태우는 길이다.

이제 서로 만날 때 "시원하시죠?"로 인사를 바꾸어보면 어떨까? 더울수록 책을 읽고, 더울수록 일에 파묻혀 가슴에서 우러나오는 성취감의 시원함. 돌이켜 보면 우리가 이만큼이라도 살 수 있었던 것도 그 원동력이 어려움을 딛고 일어서는 끈질긴 근성이 아니었을까? 필자도 가정형편이 어려워 중학교 진학을 못 하고 한 해 구운 적이 있었다. 키가 작아 어른 지게의 목발을 잘라야만 했고, 쇠풀이며 땔감을 하러 산천을 누비곤 했다. 여름철 어느 날 쇠풀 지게를 세워 놓고 소나기가 지나가기를 기다렸다. 산기슭에 걸쳐 있는 긴 무지개를 보는 순간 눈물이 핑 돌았다. 진학의 꿈이 아직도 내 가슴에 있었기 때문이었다.

지금은 모두가 어려운 때이다. 가장 중요한 것은 우리만이 어려운 게 아니라는 것이다. 미국도 어렵고, 일본도, 중국도, 유럽도 함께 어렵다. 다 같이 어려우면 우리에게 승산이 있다고 생각한다. 우리는 먼저 불구덩이에 뛰어들어 그 해법을 찾을 줄 아는 저력을 가지고 있기 때문이다. 위기 없이 기회가 오지 않고, 고난 없이 행복이 오지 않는다. '더 없이 좋은 이 기회를 어떻게 잡을 것인가?'하는 화두를 던져본다.

우리나라가 세계적인 IT산업 강국이 거저 된 것이 결코 아니다. 한국이 떠오르리라고는 세계 어느 나라도 생각지 못했다. 그러나 우리는 일본 퇴직 기술자의 기술력을 전수 받기 위해 지하철 역사에서 밤을 새울 정도로 정성을 쏟았고, 실리콘밸리에서 기술개발 노하우를 캐기 위해 얼마나 많은 젊은 기술자의 심혼을 불태운 결과인가. 섬유산업도 이태리, 일본을 따라잡지 못한다고 멀찌감치 팔짱을 끼고 있을 게 아니라 두 걸음 세 걸음을 더 뛰어서라도 선두에 나서야 할 때가 온 것이다. 물론 업계가 앞장서야 한다. 중소기업의 특성상 힘이 부족하면 시·도가 팔을 걷어붙이고라도 업계를 리딩해 나가는 노력이 절실히 필요한 때이다.

비가 와야 무지개가 뜬다. 지금은 유로존 금융위기, 선진국의 성장둔화, 한·EU, 한·미, 한중FTA 등 큰 빗줄기가 쏟아지고 있다. 찬란히 떠오를 무지개를 잡기 위해서는 비가 그치기 전에 생각하고, 뛰고, 달려야 하는 처절하리만큼 다급한 길목에 서 있다.

봄은 오고 있다

대동강 물도 풀린다는 경칩驚蟄이 지났음일까? 남녘에서는 노란 산수유가 꽃망울을 터뜨리고, 계곡을 흐르는 물소리가 제법 낭랑하다. 봄이 오고 있다는 신호이다. 이제 봄을 맞으러 나서야 한다. 때 묻은 바구니의 먼지도 털고, 헛간에 비스듬히 누워 있는 쟁기도 일으켜 세워야 한다. 봄 동산에 올라 가슴을 펴고 크게 기지개를 켜보자. 코끝에 닿는 바람의 향기에 새로운 눈을 뜨고, 수액을 끌어올리는 나무의 큰 호흡에 희망의 맥박을 뛰게 하자. 그리고 긴 기다림 끝에 일제히 분출하는 봄의 향연에 어우러져 보자.

모두들 경제가 너무 어렵다고 한다. 연일 매스컴의 보도를 접하노라면 좌절하지 않고는 못 배길 정도다. 왜 이렇게 되었을까? 미국발 금융위기 때문이라고들 한다. 남의 탓으로 돌리면 우선은 위안이 될 법도 하지만 '나는 무엇을 했고, 우리는 어떻게 해왔느냐?'는 물음에 어떤 답을 해야 할까? 근본적인 문제는 내 안에 있음에도 나를 피하고 밖으로 나서는 우리의 모습이 딱하기만 하다.

난마(亂麻)처럼 얽혀 있는 문제에 대한 답이 의외로 쉬울 때가 많다. 자연 속에서 진리를 찾을 수 있기 때문이다. 나무는 혹독히 추운 겨울을 지나야 더 아름답고 진한 꽃을 피운다고 한다. 지금 우리가 겪고 있는 대내외적인 어려움은 새로운 도약을 위해 필연적으로 감내해야 할 과제일 뿐이다. 위기의 앞면만 볼 것이 아니라 뒷면에 웅크리고 있는 기회를 포착하는 것이 더 중요하지 않을까 싶다.

기회는 기다리는 사람에게 온다고 하는데 우리는 무엇을 준비하며 기다리고 있는 것일까? 위기가 닥쳤는데도 정치판은 낯 뜨거울 정도로 소란스럽기만 하다. 정책을 내놓는 쪽도 실제보다도 몇 %라는 숫자에 매달리고 있는 것은 아닌지 돌이켜볼 일이다. 게다가 대기업 CEO들이 모여 경제 살리기를 위한 화끈한 처방을 내놓았다는 얘기를 들어본 것 같지 않다.

그러나 우리는 어려움을 뛰어넘는 저력을 가지고 있기에 희망이 있다. 두꺼운 동토를 뚫고 일어서는 새싹과 같다고나 할까. '이러다간 위기가 기회로 되지 않고 우리 경제가 나락에 떨어지면 어쩌나? 하는 걱정이 전 국민의 공감대로 형성되고 있는가 하면, 대기업이 일자리 나누기 운동을 벌이고, 노동조합이 임금

동결에 선뜻 나서는 등 여기저기서 반가운 조짐이 싹트고 있음을 볼 수 있다. 모든 경제주체가 이제부터라도 한마음으로 위기 극복의 프로그램에 동참한다면 새로운 기적이 일어나리라고 믿는다.

겨울이 지나면 어김없이 봄이 온다. 세차게 몰아닥치는 이 경제 한파도 곧 훈풍으로 바뀔 것이다. 저 어디쯤에서 봄은 분명히 우리 곁으로 오고 있다. 이제 오는 봄을 맞이할 채비를 서둘러야겠다. 굳센 의지로 헤쳐 나간다면 꽃샘추위쯤이야 별 대수냐 싶다. 이제 "어렵다."고만 하지 말고, "해낼 수 있다."로 외쳐보면 어떨까? 피그말리온 효과를 들먹이지 않더라도 <긍정의 힘>은 갈망하는 우리의 꿈을 앞당길 것으로 믿는다. 낙동강에 새로운 물길이 조성되고, 달구벌 언덕에 새로운 녹색산업의 물결이 출렁대는 희망의 봄이 성큼성큼 다가오기를 간절히 소망해 본다.

보문호 산책

경주보문단지에 묵고 있는 지인을 만나기 위해 새벽 일찍 '보문호'를 찾았다. 7시에 조찬이었지만 한 시간 일찍 도착했다. 경주가 고향이면서도 정작 보문호 산책은 한 번도 해보지 못한 터라 내친 김에 호숫가 산책을 하고 싶은 생각이 들어서였다.

계단 길을 따라 호수에 연접된 산책로로 나섰다. 아침을 여는 저 잔잔한 물너울. 벤치 옆에 서 있는 벚꽃나무 가지에 푸른 종소리가 내려앉는다. 잊어버린 것들에 대한 되살림 같기도 하고, 자연의 아름다움에 대한 새로운 눈뜸인지도 모른다.

경주는 보문호를 사랑한다. 예전에는 경주의 젖줄과도 같았다. 풍만한 가슴으로 물줄기를 내려 서라벌 들녘에 알곡을 영글게 했다. '59년도 9월 '사라호' 태풍 때는 범람의 위기를 맞았지만 보문호를 사랑하는 시민의 염원으로 버티어냈다. 그때 둑이 터졌다면 천년 역사가 묻혀버리고 말았을 것이 아닌가. '어디 천년 왕도가 그리 쉽사리 사라질라.'고 하면서도 내심 시민 모두가 가슴을 쓸어내렸음에 틀림없다. 부랴부랴 보문호 위쪽에 홍수조절용 '덕동댐'이 막아지고, 보문호에 오리배가 기우뚱거리는 아름다운 물꽃으로 다시 피게 되었다.

다행이다. 천년의 역사를 수마에 떠내려버린다는 것은 얼마나 큰 수치인가. 물보라가 핀다. 호수의 잔잔한 물결이 마주보고 웃는다. 바람 따라 켜지는 은은한 울림. 보이는 곳에서 보이지 않는 곳으로 이어져 내려가는 시간의 맥박이 뛰는 소리이다. 어린 시절 가슴 콩닥거리며 꿈꾸어왔던 것들이 나의 가슴 깊은 곳으로 출렁이며 다가온다.

벤치에서 일어나 산책로를 걷는다. 토함산을 타고 내려온 맑은 물빛에는 아름다움만 비치는 것일까. 모두가 무지개 빛이다. 아침 햇살이 걸려있는 벚꽃나무의 행렬은 꿈길처럼 아름답다. 벚꽃은 천상의 나무가 아닐까? 봄에는 아기웃음처럼 흰 다발을 주렁주렁 달고, 바람이 불면 하늘에서 가려 뽑은 천사들의 흰 날개옷을 일제히 펼친다. 은방울이 되기도 하고, 우리들의 바람이 기대는 별빛이 되기도 한다. 햇볕이 뜨거울 때는 푸른 잎사귀들을 양산처럼 받들고 우리를 부른다. 벚꽃나무 밑을 거닐면 잊어버린 사랑이 되살아온다. 사계절 마다않고 미소를 자아올리는 아름다운 심성. 그 마음결이 보문호에 뿌려진 때문일까? 유난히 연인들의 발걸음이 경쾌해 보인다.

보문호 산책길에서 반가운 속삭임을 들었다.

“경주가 이렇게 아름다운 줄 몰랐어요.”

“내년 봄에 벚꽃이 필 때 다시 한 번 옵시다.”

경주는 여고 시절 수학여행 한 번 온 게 전부인데 그 때는 주마간산 식으로 고적을 둘러보는 데 그쳤다는 것이 아닌가. 많은 사람들이 경주를 피상적으로 알고 있다는 데 적잖은 충격을 받았다. 21세기를 향해 빠른 속도로 진행되고 있는 지식정보화 시대에 맞춰 경주를 제대로 알리려면 코페르니쿠스적 발상이 필요할 것 같다. 이제 불국사, 석굴암, 첨성대, 고분 등을 삽화로 넣은 단편적인 홍보물로는 다른 지역의 사람을 끌 수 없다는 생각이 든다. 천년의 문화유적 외에도 그 문화를 탄생시킬 만한 자연적 배경을 현대인들의 사고의 관점에서 재조명해 보는 홍보 전략을 서둘러 봄직하다.

천년 문화유산을 찾아가는 길옆으로 이런 배경을 넣으면 어떨까? 노부부나 연인들이 다정스레 걸어가는 보문호 산책길, 벚꽃비가 내리는 인도에서 아이들이 함빡 웃는 모습, 남산을 오르며 기도하는 여인의 고운 얼굴, 석굴암 부처님과 동해바다의 일출 등.

보문호의 아침은 온통 사랑으로 가득 차 있다. 달음박질하는 사람, 손을 잡고 걷는 연인들, 가족끼리 손뼉을 치며 좋아하는 모습이 어우러져 아침의 호수를 눈부시게 한다. 유네스코 세계문화유산을 거울처럼 비춰주는 보문호여! 역사의 향기가 소나무향처럼 은은히 묻어나고, 가장 친인간적인 아름다운 공간이 사방에 널려있는 내 사랑 경주여!

쪽샘

경주에는 문화재와는 동떨어진 술집 골목으로 이름난 '쪽샘'이 있었다. 쪽샘은 원래 맑은 샘물을 쪽박으로 떠먹는다고 해서 붙여진 이름이었다. '50년대만 하더라도 이 쪽샘에서 흘러나오는 맑은 물을 이용한 미나리꽝이 제법 넓게 푸른 이슬을 머금고 있었다. 이곳이 잘못된 이름으로 고유명사화 된 것은 순전히 고도성장 때문이다. '60년대 후반부터 불기 시작한 산업화의 바람을 타고 쪽샘의 물이 말라갔다. 뒤이은 군사정권의 경주관광개발의 깃발 아래 미추왕릉 주변이 개발되면서부터 민가들의 대문에 청사초롱이 달리기 시작했다.

외지에서 경주 얘기가 나오면 으레 따라붙는 것이 쪽샘이다. 신라 천년의 고도라 하면 그 화두가 불국사, 석가탑, 첨성대 등등 문화에 관한 것이어야 하거늘. 경주 얘기가 나오면 쪽샘이 먼저여서 여간 당황스럽지 않았다. 이곳이 어떤 곳인가. 신라 때는 임금과 왕족 및 귀족이 모여 살던 서라벌의 중심부가 아니던가. 고려 시대에는 신라 시대 임금이 살았던 곳이라 하여 '황촌(皇村)'이라 불렀다. 왕궁과의 지척 거리에 크고 작은 능을 둔 것으로 보아 신라 시대에는 '산 자와 죽은 자' 간에 거리를 두지 않았던 것 같다. 죽음이 끝이 아니라는 생각은 살아있는 자의 간절한 바람인지도 모른다. 하여 내세에도 편히 살 수 있도록 적곽묘 안에 많은 부장품을 넣어 두었던 것일까.

그 옛날 찬란했던 문화의 유산들이 허물어진 우리의 가슴을 두드리고 있는지 모른다. 이 빛나는 유산 위에서 도깨비놀음을 하고 있었으니 얼마나 안타까워 하셨을까. 옛것을 되살릴 생각은 않고, 색 바랜 외투를 걸어두듯 '고분'이란 이름으로 밀쳐놓은 저 빛나는 유적들. 천마총에서 발굴된 금관과 천마도, 금으로 만든 장식품 등 수많은 유물에서 옛 신라의 찬란한 문화의 향기가 가슴에 와 닿는다. 여름의 뜨거운 태양이 미추왕릉, 내물왕릉, 오릉, 천마총과 크고 작은 고분들의 잔디 위에 내려앉는다. 금빛으로 발산되며, 신라의 불빛이 되어 온 누리에 퍼져간다.

쪽샘 골목이 허물어져 가는 것을 보면서 잠시 옛 생각에 젖어본다. 1950년대만 하더라도 지금의 천마총을 봉황대로 불렀다. 놀이시설이 없던 어린시절에는 이곳이 동네 꼬마들의 놀이터였다. 잔디로 덮여 있는 봉황대 꼭대기에서 아래로 뒹굴며 시간 가는 줄 몰랐다. 여기에 오르면 경주시가지가 한눈에 들어왔다.

왕성을 바라보며 서 있는 봉황대. 후세에 어느 왕의 이름보다도 봉황대로 부르도록 명명한 것만 보아도 이 왕릉의 주인은 죽어서도 봉황이 서라벌을 안고 영원히 날아오르기를 염원했던 것 같다. 나라의 안위와 발전을 위해 자기의 이름마저 지울 수 있는 나라사랑에 고개 숙여진다. 어쩌면 천마총에서 출토된 천마가 신라인들이 꿈꾸던 봉황의 형상이 아니었을까?

쪽샘은 황오리 반구정샘, 백률사의 우물과 더불어 경주의 3대 우물로 손꼽힐 정도로 물맛이 좋았다. 수량도 풍부하여 깊이 파지 않아도 맑은 샘물이 펑펑 솟아나 쪽박으로 물을 떠 마실 정도였다. 그 뿐이 아니다. 3년 대한(大旱)의 가뭄에도 샘물이 마르지 않았다고 한다. '물맛 좋은 고장은 인심도 좋다.'는 말이 있듯이 예전의 경주는 훈훈한 인심과 순박한 인정이 쪽샘처럼 흐르는 곳이었다.

쪽샘은 광장과 같은 곳이었다. 여기에는 이 동네 저 동네 아주머니들이 두루 모여들었다. 달고 시원한 샘물을 길어가기 위해서였다. 바싹 말라버린 경주의 서천이 상수원이라고 하면 요즈음 젊은이들 믿어줄까. 서민들은 비싼 수돗물보다 샘물을 길어먹는 편이었는데 생수용으로는 달고 찬 이 쪽샘물이 최고였다. 냉채를 만들 때나, 꽁보리밥을 시원하게 말아먹을 때는 필수적이었다. 그러다 보니 여름철이면 이 쪽샘가에는 물을 길어가기 위한 행렬이 길게 늘어서 있었다. 물을 빨리 받아가려고 새치기도 하고, 싸움도 일어나고, 남의 흉을 보느라 삐뚤어진 입술이며,

간혹 웃음소리도 섞여 왁자지껄했다. 매미 소리도 방낮(여름철 정오 무렵의 경주 사투리)의 이 한바탕 소동에 밀려 나뭇가지에 대롱거릴 뿐이었다.

부끄러운 일이지만, 쪽샘이 유명하게 된 이유를 짚어보고 가는 것도 필요한 일이 아닌가 싶다. 그 이유는 간단하다. '60년대까지만 하더라도 밤 12시만 되면 통행금지 사이렌이 요란하게 울리던 때이다. 다행히 경주는 외국인들이 찾는 관광도시라고 군사혁명 이후 통행금지를 해제해 주었던 덕분(?)이었다. 밤새도록 술을 팔 수 있는 전국 유일한 곳이다 보니 고급 술집이 생길 수밖에 없었다. 경주 시가지(예전의 경주시청 앞)에 위치하여 접근성이 쉬운 데다, 집값도 싼 곳이 바로 이 '쪽샘 지역'이었다. 게다가 한일국교 정상화 이후 우리나라가 일본의 값싼 관광지로 인기가 있었다. 한국하면 경주였고, 관광 후 여흥을 즐기기 위한 장소로 안성맞춤이었다. 뒤이어 산업화로 인한 고도 경제성장으로 너도나도 '니나노'집을 찾았으니 쪽샘이 유명세를 타지 않을 수 없었다. 쪽샘은 '60년대부터 '80년대까지 30년간 술집의 천국이었다고나 할까.

천년을 훌쩍 뛰어넘은 오늘에서야 고분의 역사적 가치를 깨닫게 된 것만도 다행스러운 일이다. 때늦은 감이 있지만 얼룩진 쪽샘의 오명을 씻기 위한 대대적인 문화재 발굴공사가 시작되고 있는 것이다. 국내 최대규모의 신라 고분, 15,553㎡의 면적에 주택 1,400여 채를 매입하는 대규모 사업이다.

앞으로 얼마나 많은 유물이 발견될지 모르지만 신라의 옛 정경을 복원했으면 하는 마음 간절하다. 천년 왕도로서 찬란한 문화를 복원할 수만 있다면 세계적인 문화도시로 각광을 받을 게 아닌가. 반월성에서 북천까지 왕성을 복원하는 것이 시급한 과제가 아닌가 싶다. 도심을 다른 곳으로 옮기더라도 서라벌의 수도를 재현할 수만 있다면 앞으로 수만 년을 자손들이 떳떳이 살아갈 수 있는 문화의 자긍심과 재화를 함께 가져다주는 보고가 될 것이라는 생각을 떨칠 수 없다.

옛 선조들의 찬란한 문화를 재조명하면서 새로운 문화의 창달을 위해 봉황의 날개를 펼칠 때가 온 것이다. 쪽샘의 맑은 샘물처럼 우리의 정신세계에도 맑은 흐름으로 넘쳐났으면 하는 마음 간절하다. 허물어져가는 쪽샘의 가장자리에 서서 '경주'하면 절로 '천년고도'라는 화두가 떠올려지기를 간절히 소망해 본다.

선도산 너머로 노을이 붉어진다. 내일은 더 찬란한 해가 뜰 것이다.

디딤돌

디딤돌의 사전적 정의는 '마루 아래나 마당에 놓아 디디고 오르내리게 한 섬돌'로 되어 있다. 디딤돌은 대청에 올라가기 전 첫 번째 의지를 해야 하는 발판이기도 하다. 인생을 살아가다 보면 난관에 부딪칠 때가 많다. 진흙탕을 만나기도 하고, 다리도 없는 강물을 만나기도 한다. 이럴 때 가장 필요한 것이 디딤돌이다. 이 정도라도 살아올 수 있었던 것도 보이지 않는 삶의 발판이 있었기 때문이 아닐까.

지명의 강을 건너 저편을 바라보니 잊어버린 나의 디딤돌이 희미하게 다가온다. 때로는 크게, 어떤 때는 조그맣게 주위를 맴돈다. 내가 어두운 밤길을 걸을 때면 큰 바위처럼 달빛을 비쳐주고, 까닭 없는 슬픔으로 냇가를 찾을 때면 눈물 달린 조약돌로 반짝여주곤 했다. 세상일의 고단함으로 술에 취해 비틀거릴 때는 누런 호박이 아무렇게나 달려있는 돌담이 되어 나의 손을 짚게 했다. 비좁은 나의 가슴을 자라게 한 저 아름다운 손길. 어머니다. 손발이 터지고, 말없는 눈물과 기도가 어찌 바위와 돌만 될 수 있으랴.

어머니는 늘 무거운 디딤돌을 이고 다니셨다. 질펀한 흙탕길에도, 가파른 산길에도, 널따란 개울물에도 조금만 망설여도 내려놓으시던 어머님의 디딤돌. 물물이 피어나는 작은 흔적들이 가슴에 크게 비칠 때면 어머니가 그립다. 때로는 "나이가 몇 살이고?" 하며 자신에게 물어봐도 그리움에는 나이가 없다고 한다. 그렇다. 세월은 떠내려가는 것이고, 우리는 늘 그 자리에 서 있을 뿐이지 않은가.

그동안 내 마음자리에 덕지덕지 묻은 때가 두터운 것 같다는 생각이 들어 가지산 깊은 계곡에 자리 잡은 운문사의 사리암을 찾아 나섰다. 가을 산속을 들어가니 마음이 가볍고 상쾌하다. 도회지의 오염된 공기와 어찌 비교할 수 있으랴. 나뭇잎을 흔들고 지나가는 산들바람이 예사롭지 않다. 우~ 하고 단풍이 물들어 가는 소리가 가지 끝을 흔든다. 어제까지만 해도 태풍 '나비'로 한바탕 물난리를 겪었지 않은가. 격동과 소요가 지나면 이내 잠잠함이 찾아든다. 이 자연의 운행이 우리로 하여금 한 발짝 성숙할 수 있는 공간을 마련해 주는 것은 아닐까. 길가의 이름 모를 풀잎에도, 어깨를 나란히 하고 있는 나무들에도 크고 작음에 의미를 두지 않고 따사로운 빛깔이 내려앉는다. 산을 오르는 대중들의 발걸음에도 기쁨의 리듬이 걸려있다. 이마에 송곳이 달려 있는 땀방울을 닦아주는 내자의 얼굴에도 가을이 묻었다. 여기저기 타닥타닥 빨갛고, 노란 가을 불이 지펴져 간다. 아니 파란 가을 물이 배었다.

오늘따라 사리암이 가파르다는 생각이 든다. 몸에 두른 기름덩이, 마음엔들 쌓이지 않으랴. 오르막길 옆에 좋은 업을 지으려고 어떤 분이 나무 지팡이를 만들어 세워 두었다. 힘이 드는 사람을 위한 이 자그마한 정성이 산을 더 푸르게 하는 것 같다. 작은 것이 모여 큰 강물도 만들고, 태산도 만들지 않는가. 공덕을 많이 쌓으면 부처가 되시려니 작은 돌 하나 주워 돌탑 위에 얹었다. 소나무가 모여 푸른 송림을 만들 듯이 남을 위한 마음들이 모이고 모였으면 좋겠다. 제법 숨이 찰 무렵 돌계단을 바라보다가 문득 반들반들 윤이 나는 디딤돌이 눈에 들어왔다. 산을 오르기 쉽도록 만들어 놓은 돌계단에 다음 발걸음을 위해 놓여진 디딤돌을 보며 나의 삶의 족적을 뒤돌아본다.

'무엇을 하였는가?'

'…….'

숨을 고를 겸 옆으로 비껴 앉아 생각에 잠겨 본다. 디딤돌 위에 놓인 어머니의 하얀 고무신이 눈에 삼삼 비쳐온다. 오두막살이라 번듯한 디딤돌은 없었지만 블록 몇 장을 붙여놓고 시멘트 옷을 입혀 디딤돌을 만들었다. 밤늦게 고향집을 찾으면 달빛이 물든 하얀 고무신이 맨 먼저 반겨준다. 신발 가득 사랑을 담아놓으신 것이다. 어머니의 사랑은 발에서 온다고 해도 틀린 말이 아닌 것 같다. 마중을 나오는 일도, 밭일을 나가는 데도 이 발이 움직여주어야 가능한 일이다. 어머니는 흙 묻은 고무신을 벗으면서 무슨 생각을 하셨을까. 장독대 위에 정화수 떠다놓고 달님께 기도 드리던 그런 마음 아니실까. 기도가 닿은 달빛이 물들어서인지 흰 고무신이 박꽃보다 아름답다. 한 차례 바람이 불고 간다. 인생 또한 바람처럼 왔다가 바람처럼 가는 것. 오고 감이 하나인데 슬프고 그리운 것은 무엇 때문일까. 가는 길 끝 닿을 때쯤 버려진 내 그림자 볼 수 있으려나.

허리를 구부리고 디딤돌을 손으로 털어본다. 이렇게 닳으려면 얼마나 많은 시간이 묻었을까. 수없는 발걸음에 자신을 맡겨 놓고, 아픔을 기도로 풀어가는 디딤돌의 반짝이는 눈매가 바로 부처님이 아니실까. 자신을 버리고 다른 사람을 위해 엎디어 있는 디딤돌이 아름답다. 무엇인가 욕심을 지고 올라가는 나의 발자국이 너무 무겁지 않은가. 내리자. 디딤돌처럼 누군가의 걸어가는 길가에 엎디어 있자. 개울물이 흐르면 징검다리가 되고, 높은 언덕을 향해 힘겨운 발걸음을 옮기는 이에게는 디딤돌이 되자.

버림의 아름다움이 사리암 언덕에 탑이 되어 올라가면 저 반짝이는 디딤돌, 하늘의 달이 되고 별이 될 게다. 세월이 쌓여도 텅 비어 있는 내 마음의 집. 이 빈 공간을 채우려면 얼마나 많은 공덕을 쌓아야 할지. 사리암 꼭대기에 두고 간 지팡이들을 산 아래 내려두면서 나도 어머니처럼 디딤돌 머리에 이고 언제라도 내려놓을 수 있는 사랑하는 사람이 되기를 기도해 본다.

단석산의 메아리

삼국통일의 영웅 김유신 장군의 설화가 담긴 단석산斷石山 산행에 나섰다. 고향이 경주이면서도 초행이니 남부끄러운 일이지만 뒤늦게나마 기회가 주어져 여간 기쁘지 않았다. 단석산은 높이가 827m, 신라 5악 중 중악中岳이라 부를 정도로 산세가 높고 험준하다. 운문댐에다 그림자를 비춰놓고 서라벌을 굽어보는 단석산을 바라보면서 신라의 정기가 가슴에 물컹 요동쳐오는 것 같았다. 여기저기 단풍이 물들어가는 소리가 들린다. 천상의 선녀들이 춤추며 내려온 것일까. 가을산은 형형색색의 고운 물결로 출렁이는 것 같다. 가을이 무르익은 산천은 바라만 보아도 황홀하다. 깎아지른 산길을 걸어가노라니 후두둑 도토리 떨어지는 소리가 향기롭다.

뚱보 아저씨와 동행하는 내자의 얼굴이 소녀처럼 맑다. "천천히 올라가입시더." 하며, 보폭을 줄여주며 마주보곤 한다. 산에 오르면 나무들의 미소 때문일까, 얼굴마다 가느다란 웃음꽃이 걸려있다.

한참을 올라가니 신선사神仙寺의 독경소리가 들려온다. 오른쪽으로 김유신 장군이 도인으로부터 검술을 배운 후 신검으로 내리쳤다는 단석斷石이 산마루 가까이에 또 하나의 산이 되어 서 있다. 8부 능선인 신선사에 올랐는데도 숨이 목까지 찬다. 입구에 비스듬히 누워있는 바위에 털썩 주저앉았다. 물병을 쥐어주는 내자의 손등 너머로 빨강, 노랑, 초록의 깃발을 들고 백두대간의 준령들이 달려오고 있는 것만 같았다. 밝은 햇살이 비칠 때마다 환희에 찬 함성이 메아리가 되어 들려온다. 아! 산이 파도가 되어 흐른다. 빛바랜 시샘을 멀리하고 고요 속에 침잠되어가는 버림의 아름다움을 실천하고 있는 것일까. 나무도 버릴 때가 아름답고, 사람도 버리고 났을 때 광채가 난다. 부처님의 뒤편에 조각되어 있는 광배를 통해 해탈의 경지가 비치듯이.

산을 오르다가 오른편에 인공으로 지은 건물이 보였다. 이 높은 산중턱에 비닐하우스도 아닐 테고……." 정상 가까이에 위치한 신선사에 다다라서야 실체를 알 수 있었다. 'ㄷ'자 형태로 우뚝 솟은 높이 12~15m의 거대한 바위에다 철제 빔을 설치하고 그 위에 투명플라스틱이 씌워져 있지 않은가. 마애불상군(국보 제199호)을 보호하고 옛 석굴을 재현해 보려는 의도는 좋으나, 문화유적의 가치를 높이는 측면은 왜 고려하지 않았을까? 역사 기록을 더듬어 보면 석굴암보다도 더 앞선 신라 최초의 인조 석굴이 이곳이 아니던가. 김유신 장군이 15세 소년의 나이로 이 석굴에서 삼국통일의 대업을 이룰 수 있도록 기도하였던 신성한 곳이기에 하루 빨리 고증을 거쳐 옛 석굴을 재현해 주었으면 하는 간절한 바람을 가져본다.

큰 바위가 일도양단 되어 있는 단석 앞에서 절로 옷매무새가 가다듬어진다. 한 치의 흐트러짐도 없이 두 개의 바위로 나눠져 있는 거대한 단석. 신의 도움을 받아 신검으로 내리치지 않고는 도저히 불가능한 일이라는 생각이 든다. 갈라진 바위 모서리에 손을 얹어 본다. 1000년 전 통일된 나라를 건설하기 위해 이 험한 산중턱에서 홀로 기도하며 자신을 단련해 온 김유신 장군의 간절한 기도가 전해오는 것 같았다. 바위를 내리치던 기합소리가 쩌렁쩌렁 산천을 울려 나의 가슴에서 메아리가 된다. '나는 무엇을 했고, 우리는 무었을 하고 있는가?'라는 물음이 칼보다 더 예리하게 심부를 파고든다.

단석의 바위틈을 돌아가니 높이 8m가량의 거대한 미륵불이 부드러운 미소를 띠며 바라보신다. 비록 딱딱하고 서툰 듯한 솜씨로 조성된 면도 있지만 석공의 마음이 담겼음인지 천년을 지나도 여전히 동안童顔이시다. 천년의 세월을 넘느라 온갖 풍상을 겪으면서도 잃지 않는 저 미소, 미움과 슬픔과 고통과 아픔이 없는 고요의 세계, 미륵정토를 기다리는 일념으로 서 계시는 것일까. 미륵장육상 옆 북쪽 바위에 삼존불상이 왼손으로 동쪽을 가리키며 본존불로 인도하는 모습이 거룩한 형상이 되어 내 마음에 새겨진다. 그 안쪽에 얕은 돋을새김으로 반가사유상半跏思惟

像이 새겨져 있고, 밑쪽에는 버선 같은 모자를 쓰고 공양을 올리는 공양상 2구와 스님 한 분이 천년을 건너 그윽한 차향茶香을 전해준다. 천년을 흘러도 신라의 차는 바위처럼 지워지지 않는 향이 나는 것일까. 잠시나마 신라 문화와 시대상에 흠뻑 빠져 눈을 감고 있었다.

"최 선생!" 하고 부르는 소리에 뒤돌아보니 일행인 원로교수 한 분이 "이곳의 가장 가치가 있는 것은 공양상의 모자"라며, 문화적 가치를 애써 강조하신다.

모자를 쓴 신라인. 문득, 머리 숱이 많지도 않으시면서 손으로 머리를 쓰다듬으며 모자를 쓰시던 선친의 얼굴이 바위 면에 비친다. 바깥출입 때면 항상 모자를 빠뜨리지 않으시던 아버지. 먼 나라 가시기 전에도 모자를 챙기셨다. 무의식의 강물을 따라 면면히 이어져오는 신라의 혼. 이 공양상의 모자를 보고 신라 시대 생활상을 유추한다고 하니 문화유적의 가치가 얼마나 중요한가. 아버지는 천상에서도 모자를 쓰고 계실까. 구름조각 위에 아버지에 대한 하얀 그리움 얹어두고 싶다. 바람에 실려 온 단풍잎 하나가 머리에 얹어진다. '멈춰 서 보라는 것'일까? 허리 굽혀 단풍잎을 주우면서 "좀 쉬어가자"며 내자를 불렀다.

햇빛에 우러나는 저 찬연한 빛깔들……. "여보 단풍 너무 곱지 않아요." 하며 손을 당겨 잡는 내자의 얼굴이 단풍이 되어 가슴에 내려앉는다. 이토록 삶을 살아온 것에 대한 고마운 생각이 든다. 서산으로 넘어가는 햇빛을 걸러 고운 빛깔 가득 잡아두고 싶다. 인생도 가을이 오고 단풍도 들 것이므로.

가을 풀꽃이 되어

낙엽을 밟으며 호젓한 산길을 오르는데 여기저기 피어 있는 작은 풀꽃들이 눈에 띄었다. 이 가을에 모두들 떠날 채비를 하는데 어쩌려고……. 안쓰러운 생각이 들어 풀꽃 옆에 앉았다.

"이름 없이 왔어도 꽃 필 줄 안다."

조용한 미소를 타고 구르는 저 청아한 목소리. 나는 퍼뜩 정신이 들었다. 여태 보아온 것에 대한 나의 자만심이 들켜버린 것이다. 어느새 벌들이 날아와 수줍게 오므리고 있는 꽃잎을 들춘다. 자연은 아름답다.

가슴에 꽃다발 한 아름 안겨온다. 작은 풀꽃들이 자아내는 향기 나는 꽃다발이다. 산을 오르내리는 사람들이 반가운 인사를 나눈다. 풀꽃 같이 살아가는 민초들의 미소와 땀 묻은 향내가 난다. 세상도 아름답다. 가을 풀꽃이 되어 인생을 걷고 싶다.

가을 바다

바다는 무심히 바라보면 그저 파랗다. 봄, 여름, 가을, 겨울 한결같이 같은 색깔로 보일 뿐이다. 바다에 마음을 빠뜨리고 보면 바다의 색깔이 계절마다 다르다는 것을 느낄 수 있다. 나는 가을 바다를 좋아한다. 가을 바다에는 누구나 가질 수 없는 꿈의 색깔이 드리워져 있기 때문이다. 바다의 꽃은 수평선 가까이에서만 볼 수 있다. 바다가 바라는 것은 고독일 것이다. 어쩌면 쓸데없는 언어를 싫어하는지도 모른다. 눈에 보이는 것을 떠나 실체를 가늠하는 진실의 눈을 뜨려면 마음을 비우고 항정심恒晶心을 가져야 하지 않을까.

나뭇잎만 해도 그렇다. 봄에는 연두색으로, 여름철에는 녹색으로, 가을에는 노랗거나 붉은색, 갈색으로 바뀌어간다. 노란 단풍은 원래의 잎 색깔을 그대로 드러내주는 것이지 새롭게 만들어낸 것은 아니다. 새로운 색소가 합성되는 것이 아니라 엽록소가 사라지면서 푸른색에 가렸던 노란색 색소인 카로틴과 크산토필이 나타나 잎이 노랗게 보이는 것일 뿐이다. 붉은 단풍은 떠날 때 무엇을 돋보여주고 싶어서인지 본디 지니지 않았던 '안토시아닌'이라는 색소를 새로 합성하여 붉은색의 화려한 색깔로 갈아입는다. 아침 햇살을 받아 노란색으로 반짝이는 은행나무의 행렬을 보면 나도 모르게 숙연해짐을 느끼곤 한다.

마음껏 푸르름을 뽐내다가도 마감의 시간이 오면 본래의 모습으로 되돌아가는 노란색 단풍은 고고한 철학자의 모습이다. 천천히 마무리해 나가는 자연의 질서에는 여백의 아름다움이 있다. 단풍은 작별을 슬픔으로만 바라보지 않고, 자신을 태워 아름다운 색상으로 바꾸고 떠나는 것이다. 버리는 기쁨의 충만함이 온누리에 가득해서일까. 낙엽을 태우면 세월의 냄새가 진하게 우러난다. 태양을 많이 받는 쪽일수록 나뭇잎의 색깔이 고운 것은 봄부터 가을까지 열심히 살아온 모습 그대로이다. 탄소는 받아들이고, 산소는 자연계에 되돌려주는 이타심利他心이 비쳐 나오는 것이다.

올해는 태풍 매미의 상흔이 깊어 가을 바다로 향하는 추령재(경주에서 감포로 넘어가는 재의 이름) 단풍이 자기 색깔을 잃어버린 것 같다. 자연의 모습이 저리 아프다면 필경 우리들의 행태를 반성해 봐야 할 것 같다. 사람들은 종종 자연과 인간사가 다른 세상으로 존재하는 것으로 착각하곤 한다. '자연이 곧 부처님'

이라는 어느 스님의 말씀처럼 자연이 곧 우주이고, 이 큰 바다에 하나의 점으로 떠가는 존재가 우리들이 아닌가.

추령재를 넘어 바닷가에 이르러서야 가을다운 냄새가 가슴에 다가온다. 오랫동안 맡아보지 못한 바다 내음. 바다는 계절을 표나게 드러내지 않는다. 신발도 신지 않고 바다에 풍덩 뛰어드는 어린 해녀의 꿍꽝거리는 발자국 소리와 같이 거침없이 소리로 오갈 뿐이다. 바다에는 봄이 되면 안개처럼 다가오는 꽃의 자태도, 나무들로 녹색의 깃발을 펄럭이는 한없는 꿈도, 봄날을 떠올리며 아쉬운 작별의 붉은 키스도, 어두움을 덮어주는 하얀 눈도 내리지 않는다. 그러나 봄이 오면 바다는 모래톱 위로 살며시 하얀 물거품을 얹어놓고 부끄러운 걸음으로 돌아갈 줄 알고, 뙤약볕이 내리쬐는 여름에는 큰 파도를 넘실대며 산허리를 감싸기도 한다. 가을에는 아름다운 빛깔로 햇살을 모으며 갈매기를 부르기도 하고, 겨울에는 파도보다 더 희고 순결한 몸짓으로 긴 여운의 고동소리를 울릴 줄 안다.

가을 바다에 나서면 꿈이 되살아나서 좋다. 바닷가에는 게딱지가 있고, 바다를 바라보는 언덕진 곳에는 황금의 빛을 뿌리며 아기자기한 '도가리논'(토막논의 경주 사투리)들이 게딱지처럼 붙어있다. 나는 무슨 일이라도 생기면 바다를 찾고, 이곳에 오면 모든 것이 풀리곤 한다. 가을의 바닷가에 서면 구수한 나락 냄새가 난다. 철썩이는 소리를 따라 어린 시절 메뚜기를 잡던 아이들이 수평선 저 너머에서 일렬로 줄을 지어 걸어오는가 하면, 그리움의 언덕에 코스모스처럼 서 있던 소녀의 얼굴로 다가오기도 한다. 가을바다에 달이 뜨고, 별들이 모두 푸른 물길에 내려앉으면 구름 위에 마음을 얹고 바다에 뛰어든다. 둥둥 북소리, 산에는 낙엽을 떨어뜨리고 바다에는 그리움의 마음조각이 뒹굴어간다. 아무도 없는 이 공간에 가만히 들려오는 소리-"살아가는 게 다 그렇다 아이가(아닌가)"

사람들은 만날 때 맨 먼저 나이를 묻는다. 연륜을 헤아리는 습성, 우리들에게 잠재적으로 남아있는 삶의 길이에 대한 아쉬움 때문은 아닐까. 가을이 되면 겨울이 오기 마련인데 겨울을 계절의 끝으로 보는 짧은 생각을 어찌할꼬. 겨울은 새로운 출발을 위해 맨몸으로 섰을 뿐이다. 보이지 않는 땅 밑에선 굵고 가는 뿌리마다 다음 찾아올 봄을 위한 분주한 움직임이 오가고 있다. 가을 바다는 결코 겨울을 두려워하지 않는다. 겨울이 오기 전에 자신을 채워 가는 작업을 나무의 뿌리보다 더 강하게 움직이고 있다. 속으로 삭여가는 슬픔의 시간은 저쪽으로, 환희에 들떠 춤추던 공간은 산기슭에다, 애타게 그리운 것들은 깊은 심연에 간직해 둔다. 사랑과 기다림을 푸른 물빛으로 이겨 이따금 나의 가슴에 눈물이 되어 적실 때 나는 이미 파도 위를 걸어가는 나그네가 된다. 풀잎이 된다. 가을바다가 되어 있다.

갈꽃이 피면

갈대는 아무래도 보라색 갈꽃이 필 때가 가장 아름답다. 어린 시절 갈꽃이 피면 모두들 갈밭으로 쫓아갔다. 아름다운 갈꽃을 감상하기 위해서가 아니다. 방을 쓸어내는 빗자루용으로 이보다 나은 재료가 없었기 때문이다. 연한 갈꽃일수록 인기가 좋았다. 질 좋은 빗자루를 만들어야만 시장에 내다 팔아 돈을 마련할 수 있어서다. 갈꽃을 뽑으면 시골에서만이 느낄 수 있는 싱그러운 풀향이 가슴 가득 채워진다. 하늘을 닮은 풀. 서로의 뿌리로 감싸면서 거친 물살을 이겨내는 유연함이 저렇게 부드러운 꽃으로 피어나는 것일까.

'인간은 생각하는 갈대'라는 파스칼의 명언 때문에 유명세를 탄 갈대. 갈대는 습지나 갯가, 호수 주변 모래땅에 군락을 이루고 자라며, 줄기는 마디가 있고 속은 비어 있다. 8~9월에 꽃이 피며, 뿌리줄기의 마디에서 많은 황색의 수염뿌리가 난다. 종자에 깃털이 있어 바람을 따라 식구를 불려 나간다. 어린 순은 노순蘆筍이라 하여 식용하며, 줄기는 여름에 햇볕을 가려주는 발의 재료로 쓰인다. 뿌리는 한방에서 소염, 이뇨, 해열, 해독제로 활용되는가 하면, 박테리아의 성장 촉진과 고형물을 흡수함으로써 수질을 정화시켜 주는 기능까지 한다고 하니 얼마나 유익한 식물인가.

살아갈수록 사물의 참모습을 본다는 게 지난한 과제임을 느끼곤 한다. 이렇게 유용한 갈대를 두고, 조그만 바람에도 이리저리 흔들릴 때는 줏대 없는 늙은 홀아비 같아 보이기도 하고, 처세술 좋은 원님 앞의 고을 아전 같아 보이기도 한다. 갈대의 참모습은 호우가 쏟아져 개울물이 넘치고, 큰 나무들이 뿌리째 뽑혀 강 구석에 곤두박질쳐 있을 때 허리를 세우며 다시 일어서는 생명력에 있지 않을까. 허리만 휘어졌다 다시 일어서는 저 유연성. 파스칼도 약해 보이기만 한 인간의 생존과정을 생명력이 끈질긴 갈대에다 '생각'이라는 관념을 얹어 비유했을 성싶다.

어린 시절 갈대밭은 삶의 터전이었다. 갈대는 산골짜기를 타고 흘러내리는 개울가 바위 틈 사이에 듬성듬성 고개를 내밀었다. 쇠꼴로 베어 망태기에 넣기도 하고, 갈꽃이 피면 다른 아이에게 뒤질세라 꽃대를 빼느라 정신이 없었다. 어른이 되어 TV드라마에서 을숙도의 가을 갈대밭 풍경을 보고 절로 감탄이 새어나온 적이 있다. 바람에 허리를 뉘는 갈대밭의 황금물결은 그대로 가슴에 시가 되었다.

헬싱키의 래디안손호텔 앞에서이다. 아침 일찍 호숫가를 산책하려고 호텔을 나섰다. 아침 해가 솟아오르는 이 고요한 바닷가, 마치 바바리를 걸친 노신사의 미소처럼 포근하고 평화롭다. 넓고 푸른 잔디밭 너머로 비췻빛 바다가 흰 가슴을 내밀고 달려오고, 흰 비둘기가 갈매기처럼 물 위를 날며 공간을 긋는다. 아침 햇살을 받아 은빛 수양버들이 일제히 가느다란 등불을 켜고, 그 옆으로 자작나무의 엷은 치마가 은빛으로 반짝인다. 한 무리 갈대숲이 은빛 가슴을 펴며 바람에 숨는다. 아침 햇살을 받은 것들은 모두 은빛이 되어버리는 것일까. 교회의 종소리도 은빛이다. 바닷가를 산책하는 여인의 머리카락에도, 애견의 등에서도 은빛이 충만하다.

호숫가에서 일제히 다리를 내어놓고 있는 갈대숲 사이로 오리 떼가 소살 대며 지나간다. 아침 햇살을 받아 눈부신 자작나무 숲의 행렬. 살그머니 그 뒤를 따라가 본다. 자작나무의 은색 피부가 선비처럼 느껴진다. 은빛 세상. 어쩌면 흰 눈이 소복이 내려온 세상이 덮여 있을 때 우리들이 붙이는 말이다. 평화롭고, 가식이 없으며, 있는 그대로 찬란한 아름다움을 우려서 드러내는 빛깔이 은색이 아닐까.

작은 배들이 옹기종기 모여 있는 포구 옆으로 갈대들이 피어 있었다. 우리가 보아 온 갈대와는 여러 모로 차이가 있어 보인다. 갈꽃은 보라색보다는 검은색에 가깝고, 투박하면서 두툼하다.

빗자루가 필요하지 않으니 부드러운 갈꽃으로 피어서 무엇하랴.

갈꽃이 바람결에 춤을 춘다. 보라색 갈꽃이 피는 고향 마을이 그리워진다. 내가 좋아하는 노래 '숨어 우는 바람소리'가 귓가에 머문다. 노랫말처럼 갈대밭이 보이는 언덕에 통나무집 한 채 지어야겠다. 길 떠난 소녀같이 하얗게 밤을 새우며, 사랑하는 사람과 마주앉아 따뜻한 차 한 잔을 나누고 싶다. 찻잔 속에 갈꽃처럼 피고 싶은 내 마음을 담아낼 수 있을는지…….

코스모스 꽃에 부치는 편지

A형!

지난여름은 참으로 더웠습니다. 다들 18년 만에 겪는 무더위라고 손사래를 칩니다. 지금 들판을 바라보면 푸른색 위로 노란 물감이 아슴프레 비쳐오지 않습니까? 저는 온통 황금색으로 변할 때보다 푸르름에서 그 끝만 노랗게 물들어가는 이맘때가 너무 좋습니다. 저녁노을도 보십시오. 서산에 해가 지고 그 여운으로 붉어가는 찰나가 얼마나 아름답습니까? 무엇이든 변화가 시작될 무렵이 황홀하고, 가슴 두근거립니다. 사랑도 처음 시작할 때 얼굴이 붉습니다.

어디서 불어오는지 산들바람 한 줌 볼을 스쳐 지나갑니다. 참 시원하고 기분이 상쾌하지 않습니까? 가을의 시그널은 이곳저곳에서 보일 듯 말 듯 느낌으로 다가오는 것 같습니다. 강변에 지천으로 피어있는 갈대밭을 배경으로 짙은 빨강, 엷은 빨강, 노랑, 분홍, 연분홍, 하양 색깔들이 '꽃강물'이 되어 흘러가고 있습니다. 저도 모르게 차를 멈추고 두 팔을 벌려봅니다. 다소곳이 안겨오는 이 꽃이 무엇인지 아십니까? 바로 코스모스입니다.

바람결에 하늘거리는 것이 영판 수줍은 소녀 같습니다. 코스모스는 혼자 외롭게 피어서는 주위의 시선을 끌지 못합니다. 어우러져 피었을 때 그 아름다움이 더해지는 거지요. 사람도 마찬가지가 아닐까요? 혼자서는 어떤 것 하나도 이루어낼 수 없답니다. 내가 가지고 있는 것은 우주로 본다면 정말 작은 것 하나에 불과할 뿐입니다. 그렇다고 이것이 없어서는 또 아무것도 성취될 수 없기 때문에 아주 중요한 것도 사실입니다.

글쎄, 코스모스는 무슨 절개를 자랑하고 싶은지 가느다란 줄기 끝에 딱 한 송이의 꽃을 매단답니다. 저는 '코스모스의 아름다움이 바로 여기에 있구나' 하는 생각을 해봅니다. 여러 꽃을 달지 않고서도 충분히 예쁘고 사랑 받을 수 있다는 것이 여간 대단하지 않습니까? 요즈음 세태를 보십시오. 먹물이 많이 들어 잘난 체 하는 식자층들 모습 말입니다. 권력을 좇아 변신하는 게 흡사 카멜레온 같습니다. 거기에 비하면 자신의 혼을 불살라 한 가지 꽃을 피우는 데 최선을 다하는 코스모스는 진정한 휴머니스트라 해도 과언이 아니겠지요?

A형!

코스모스를 보면서 많은 생각을 하게 됩니다. 자신이 처한 환경을 보십시오. 자갈이 섞인 척박한 땅에 뿌리를 내리고 있지 않습니까? 게다가 그늘도 없는 땡볕에서 말없이 꽃잎을 한 장씩 붙여가며 가을을 기다리며 환하게 웃고 있습니다. 우리는 선풍기랑 에어컨을 켜면서도 '더워 죽겠다'고 아우성인데 말입니다. 머잖아 가을이 오는 것을 알고 있기 때문이겠지요.

저는 이런 생각을 해 보았습니다. 우리는 자기가 처한 현재의 환경을 너무 미래로 연결하고 사는 게 아닌가 하고요. 현재는 현재일 뿐입니다. 미래는 아무도 예측할 수 없는 변화무쌍한 구름과 같다고나 할까요. 자연도 마찬가지입니다. 여름철 태풍으로 큰 수해가 난 상처를 보십시오. 찢기어 나가고, 무너져버리고, 쓸려나가 어느 것 하나 온전한 것 없는 것 같아 보이지만 이내 제 모습을 찾아가지 않습니까? 저는 아무리 어려워도 희망을 가지고 살아가야 한다고 생각합니다. 60여 년을 살아오면서 제가 생각하는 대로 된 것보다는 다른 방향으로 흘러간 것이 더 많았기 때문입니다.

A형!

가을바람이 코스모스가 핀 강가로 저를 자꾸만 떠밉니다. 다가갈수록 코스모스의 춤사위에 동화되어 가는 것 같습니다. 연약한 대궁 사이로 바람이 지나가고, 꿀벌, 호박벌, 말벌이며 온갖 나비 떼가 날아다닙니다. 연약함 속에서 서로를 의지하며 꽃을 피울 때 비로소 향기가 나는 것입니다. 함께 어우러져 꽃피워 가는 코스모스의 환한 모습이 너무 아름답지 않습니까? 척박한 땅에서 내면의 물을 길어 올리는 코스모스를 두고 잠시나마 우주의 대원리를 맛보는 것 같아 즐겁습니다. 저도 저 코스모스 꽃길을 따라 사랑의 노래를 부르고 싶습니다. 청량하게 불어오는 바람을 내 가슴에 가지런히 채우고 싶습니다. 삶은 잠시 어려울 뿐이지 지나가면서 바라보면 아름다울 때가 많습니다. 가을이 오면 또 겨울이 오겠지요. 코스모스 꽃들이 지고 난 자리에 까만 씨가 맺히면 정성스레 두 손으로 받아 모으겠습니다. 내년 봄에 뿌려질 코스모스의 세계를 생각하면 우주를 다 껴안은 듯 가슴 뭉클합니다.

A형!

코스모스의 꽃말이 '순정'이라나요. 요즈음처럼 바람을 만들어서라도 그 앞에 서서 향수를 날리는 세월이고 보면, 이슬처럼 때 묻지 않은 정결함이 어디 쉬운 일입니까? '유사자연향 하필당풍립有麝自然香 何必當風立'이란 말이 있지요. 바람 앞에 일부러 서 있지 않아도 은은한 향기가 배어나오는 그런 사람들을 기다리는 걸까요? 코스모스가 저만치 해맑은 웃음 짓습니다.

아름다운 별밭

노르웨이라는 나라는 정말 물이 흔한 나라인가 봅니다. 오늘 우리가 묵을 펠포호텔은 해발 930m에 위치하고 있습니다. 차가 급경사를 타고 올라가다가 큰 호수 옆, 평원에 멈추었습니다. 마침 숲 속으로 머리를 내밀던 야크 한 마리가 수줍은 듯 몸을 숨깁니다. 자연이 그대로 때 묻지 않고 살아있다는 표징이지요. 이 높은 산장에도 어김없이 밤이 찾아왔습니다. 호텔 식당 한 구석에 구라파에서 온 노부부들이 유쾌하게 와인을 마시며, 저물어가는 산그늘을 관조하고 있는 듯합니다. 와인 잔을 마주치는 노부부의 표정이 더없이 행복해 보였습니다. 요즈음 와서 나도 이런 모습을 동경하고 있답니다. 늙어가는 나의 모습을 이런 화면 속에서나마 잡아볼 수 있다는 게 여간 즐겁지 않습니다. 꼭 이럴 때는 집에 있는 내자의 얼굴이 떠오르지 뭡니까. "평소에 잘하지,

청승맞게" 이럴 줄 알았는데 글쎄 "이래 생각해 주는 것도 고맙다지 뭡니까?"

여행 가이드에게 "한 일주일쯤 이곳에 올 수는 없을까요?" 하고 물었습니다. 사실 가능하지 않은 것을 알면서 물어 본 소리이지만 집사람과 함께 오고픈 마음이 간절했나 봅니다. 가이드는 "아이고, 시간과 돈만 버리지요." 하며 손사래를 칩니다. 여하튼 바이올린과 피아노 연주를 들으며, 밤을 보내는 노부부의 모습이 여간 부럽지 않았습니다.

가지고 온 팩 소주로 객고를 달랬지만 새벽 한시도 안 되어 잠이 깨고 말았습니다. 통유리로 된 창문 밖에서 그만 별들이 우르르 쏟아져 들어오는 것이 아닙니까. 침대에서 일어나지도 못하고, 그냥 두 팔만 벌린 채로 이 반가운 손님을 맞이하였답니다. 옆 자리에 누워 있는 룸메이트 때문에 불을 켜지 못하여 이 아름다운 순간을 낱낱이 적지 못해 애태웠답니다. 살그머니 창가에 다가가 보았습니다. 엷은 불빛에 잠들어 있는 숲의 모습이 갓 낳은 딸이 잠자고 있는 모습 같았습니다. 별은 시간이 흐를수록 점점 더 크고 많이 방 안으로 들어왔습니다. 금세 별자리를 맞추어 보는 어린 시절로 되돌아가 있었습니다. 가슴에다 그 예쁜 별들을 다 그려 넣으려고 이리저리 분주했답니다. 정작 중요한 것은 이미 정해진 별자리가 아니고, 지금 내게 다가온 별 자체인 줄 모르고 말입니다.

살아왔다는 게 늘 정해진 자리를 끼워 맞추어 온 게 아닌가 하는 생각이 들어 씁쓸했습니다. 나는 이제부터 별들을 가슴에 담기로 했습니다. 세어 보는 것도, 무슨 형상에 집착하는 것도 참으로 부질없는 것이기 때문입니다. 자리에 되돌아와 누웠습니다. 이미 별들이 내게 와 있고, 나 또한 저 넓은 하늘을 거리낌 없이 유영할 수 있기 때문입니다. 별들의 통로를 통해 바라보는 세상은 아름다움뿐입니다. 깜깜했지만 신비스런 불빛이 우주를 감싸고 있는 것 같았습니다. 별들은 바닥에 깔리고, 어둠 속에 묻혀 무섭게만 여겨지던 나무들이 요정이 되어 손에 손을 잡고 춤추고 있는 게 아닙니까. 여태 우리가 생각하고 있는 것보다 하나의 형상이 다른 모습으로 존재하고 있다는 데 놀라지 않을 수 없었습니다.

이불을 끌어당기고 눈을 감아 보았습니다. 도무지 잠이 오지 않았습니다. 아직도 꿈길처럼 아름다운 나무와 숲과 별들을 은하수에 올려 봅니다. 별들이 내려앉은 숲들의 반짝임은 정말 보석보다 아름다웠습니다. 마치 당신의 숨결을 듣는 것처럼 말입니다.

사랑은 위대합니다. 멀리 떨어져 있으면 그립고, 마음이 모이면 별이 됩니다. 별들이 잠든 호숫가에서 펠포스호텔보다 더 큼직한 사랑하는 나의 궁전을 지어 보았습니다.

해당화

20만 개나 되는 호수를 가지고 있는 노르웨이. 수도 오슬로에서 요스트레스 빙하를 보기 위해 차를 달렸다. 곳곳이 눈이 부시도록 푸른 호수가 출렁인다. 저 멀리 빙하가 녹아 흘러내리는 물소리가 나그네의 외로움을 부추긴다. 호숫가로는 녹색과 푸른색의 꿈의 동산이 펼쳐져 있는가 하면 동화책에나 나올 법한 빨간 지붕의 아름다운 집들이 그림처럼 다가온다. 이따금 누런 보리밭이 따사로운 햇살에 반사되어 황금빛 물결을 이룬다. 이제는 고향에서조차 보기 힘든 것이 보리밭이지 않는가. 너무 귀해서일까. 백야白夜의 밤을 뜬눈으로 지새우고도 이렇게 고운 황금빛 옷을 입었구나.

어린 시절 고향의 정경이 떠오른다. 보리가 이삭을 내밀 때쯤이면 항우장사도 넘기 힘들다는 '보릿고개'가 시작된다. 아침 한 끼를 때우기 위해 부잣집 마당을 쓸던 아버지의 얼굴이 떠오르기도 하고, 작년 가을에 따서 말려놓은 도토리 자루를 풀어헤치는 어머니의 허리 굽은 등 위에 노을이 물든다. 등겨로 만든 '개떡' 한 입 얻어먹으려고 몰려다니던 아이들의 누런 이들이 이슬처럼 반짝인다. 어김없이 가을이 오고, 풍요로운 수확이 거둬들여지고…… 자연에 동화되어 가는 우리의 걸음걸이. 가을을 맞은 자작나무의 노란 단풍이 바람결에 떨어진다.

작은 도시 마을에 차를 멈추고, 잠시 산책을 나섰다. 집집마다 해당화가 만발해 있지 않은가. 바닷가에 해풍을 맞으며, 모래밭에 뿌리를 내리고 서 있어야 할 해당화가 이곳에 피다니! 나의 눈을 의심치 않을 수 없어 꽃밭 가까이로 걸음을 옮겼다. 이미 꽃이 져버린 곳에는 붉은 열매가 홍조를 띠고 반긴다. 고향집 작은 꽃밭의 털복숭이 해당화도 저리 피었지. 손바닥만 한 작은 터를 탓하지 않고, 갯바람 그리며 붉은 울음을 터뜨렸지.

향수가 인다. 사랑하는 사람들이 그립다. 어젯밤에는 어린 시절 '가재잡이' 꿈까지 꿨으니 말이다. 푸른 산들이 호수에 발을 담글 무렵, 문득 인생에 대한 화두를 짊어진다. 태어남의 첫 외침이 '울음'이어서 일까. 사는 동안 내내 아픔의 마디들이 대나무 마디처럼 이어져간다. 높이 솟는 대나무에 마디가 많듯이 인생의 길 또한 오를수록 굽이도 많다. 올 때는 울었지만 떠날 때는 가슴 비운 곳에 따뜻한 미소가 새어나왔으면 좋겠다.

나는 지금 인생의 가을을 맞고 있다. 서산으로 기울어져 가는 해님을 붙잡아 고운 빛깔 소복이 물들이고 싶다. 이곳의 '여름집(여름에만 사용하는 별장)'처럼 자그마한 사랑의 돌담을 쌓고 싶어진다. 아름다운 낙엽을 떨굴 것인지, 벌레 먹은 검붉은 잎으로 구석을 찾을 것인지, 모든 것은 마음속에서 명멸하는 그림자와 같은 것을. 이맘때쯤이면 나의 가슴에도 사랑으로 물들어가는 붉은 해당화 꽃 한 마당 피웠으면 싶다. 이곳 나무들은 가지는 벌리지 않고, 키만 높여간다. 바람 잘날 없을까 봐 지레 겁이라도 먹은 걸까. 국민소득 50,000불의 나라에도 고민은 있는가 보다. 낮은 출산과 노령 인구의 증가이다. 10,000불의 우리까지 가지 없는 나무가 되어야 할까? 아이를 적게 낳아 생산인구가 줄어든다면 일자리는 많아야 할 텐데 우리는 청년실업 때문에 몸살을 앓고 있는 처지가 아닌가. 이 동네에는 노사분규도 없고, 호수처럼 조용하게 살고 있는데 우리는 콩 볶듯이 소란스러우니 걱정이 앞선다. 합심해서 달려도 따라가기 힘든 것이 선진국의 문턱이 아니던가.

저녁이다. 빨간 지붕 굴뚝에서 연기가 피어오른다. 산은 강물을 끌어 올려 가슴으로 덥혀진 입김을 호수에다 뿜는다. 호수에 물안개가 핀다. 유유히 흘러가는 강물, 한가로이 풀을 뜯는 안데오의 소떼들. 한쪽에는 베어진 보리밭에 황금 햇살이 잠자고, 한 켠에는 푸른 목초 밭이 발레를 추듯 빙그르 돌아간다. 점점이 박혀 있는 빨간 벽돌집, 산과 물과 초원과 자작나무 숲. 눈이 내리면 가지마다 흰눈이 걸리고, 눈부신 환희가 펼쳐지겠지.

내일 아침에는 고운 햇살 창가에 찾아올 때쯤 해당화 피는 꽃밭에 나가 볼까 싶다. 잊어버린 나를 만나는 일보다 더 중한 것이 없을 것이므로.

2
소중한 시간을 위하여

소중한 시간을 위하여

공직 40년이 서서히 막을 내리고 있다. 참 빠르다는 생각이 들기도 하고, 많이도 했구나 하는 고마움도 든다. 뒤돌아보면 엊그제 같은데 세월의 강물만큼 물살이 빠른 게 없다는 생각에 잠겨 보기도 한다. 삶 자체가 어려움인데 힘든 일인들 오죽 많았겠나마는, 간혹 보람된 일들로 웃음꽃이 필 때도 있었다. '희로애락喜怒哀樂'이 한데 어우러져서 삶의 탑이 쌓아지듯이 공직의 길에도 보람과 아쉬움이 교차되곤 했다.

그러고 보면 우리의 삶은 시간과의 관계설정인지도 모른다. 시간은 참 긴 것 같기도 하지만 뒤돌아보면 가장 짧은 것이기도 하다. 남은 공직 1개월의 시간을 가장 길게 가지고 싶다. 머리도 채 자라지 않은 만 열아홉의 나이(당시는 고등학생은 머리를 빡빡 깎았음)에 청사 문을 열던 어벙한 모습이 떠오른다. 가느다랗게 새어나오는 실웃음 건너 압축된 시간이 시계태엽처럼 풀려나온다.

나는 그림에 조예가 없어서 명화名畵에 대한 감상력이 부족한 편이다. 심저心底를 흐르는 색상의 음률을 볼 수 있는 눈, 그것은 내면의 세계가 익지 않고는 어려운 일이다. '밀레의 만종'은 60년대 이후 우리 국민이면 다 좋아하는 명화였다. 농촌의 저녁 풍경과 이삭을 줍는 농부들의 경건한 모습이 우리의 영혼을 붙잡아 두기에 충분했다. 이 그림은 이발소나, 길거리 난전 같은 데서 흔히 볼 수 있을 정도로 우리의 가슴 한 부분을 차지하고 있었다. 어린 시절 나는 이 그림을 마주할 때면 한참 동안 서서 두 손을 같이 모으곤 했다. 마지막까지 이삭을 주우며 감사하는 표정에서 시간의 소중함이 묻어나오는 것 같았다. 해가 지고 땅거미가 깔리기 전까지 한 톨의 이삭이라도 더 주워야 하는 삶의 냄새가 나의 가슴을 울렸는지 모른다.

나는 두껍게 드리워진 커튼을 밀치고 나의 남은 시간에 대한 생각을 해보았다. 공직 40년의 귀퉁이에 남은 1개월의 시간을 끌어당겨 본다. 문득 옥구슬보다 값지고 소중하다는 생각에 두 눈을 번쩍 떴다. 지나간 39년 7개월은 흘러가버린 것이고, 남은 1개월은 더 이상 내게 주어지지 않는 시간이다. 이런 시간대를 만나면 사람들은 두 종류의 생각으로 나눠진다. '말년인데 적당히 넘겨야지.'와 '다시 오지 않은 시간을 위해 최선을 다해야지.'이다. 나는 후자 쪽을 택하고 싶다. 내가 남에게 드러낼만 한 것이라고는 딱히 이것 하나뿐이기도 하고, 다시 오지 않을 이 소중한 시간을 아름답게 마무리하고 싶어서다.

40년이라고 하면 강산이 네 번이나 바뀐 세월이 아닌가. 나의 발자국을 바라보니 온통 삐뚤삐뚤하고, 작은 점선들이 옹기종기 모여 있을 뿐이다. 그래도 뭐 없을까 하고 뒤져보니 몇 가지 흔적이 보이기도 했다. 정부 수립 후 처음으로 세운 '산업디자인발전 5개년 계획', 세워보지도 못했을 뻔했던 'EXCO 건립', '청소년지원센터(쉼터)건립' 시범사업비 확보, 공동브랜드(쉬메릭) 시범사업비 확보, '국립과학관 건립', 'DGIST입지선정' 수출보증지원사업, '통상전문인력센터 설치' 등 등

이제 한 달 동안 해야 할 일에 팔을 걷어붙여야겠다. 올해 새로 국비를 확보한 '환경종합기술지원센터 건립', '아토피힐링에코타운 조성', '하수처리장 태양광발전소 건설' 사업 등의 추진계획만이라도 성안하였으면 싶다. 내년도 신규 국비사업인 '녹색환경체험관 건립', '2013세계에너지총회 주변 녹화사업', '팔공산500리 자락길 조성 사업' 등에도 중앙부처와 기획재정부의 문지방이 닳더라도 얻어내었으면 좋겠다. 다시 오지 않을 이 소중한 시간을 쪼개고 쪼개어 늘리고 싶은 게 솔직한 심정이다.

공직 40년의 노하우를 소중한 이 시간을 위해 모두 녹여 찬란한 아픔의 꽃으로 피웠으면 하는 바람은 욕심일까? 공직자의 최고의 프리미엄이 정책을 만들어 시민에게 봉사하는 일이 아닌가 싶다. "이 나이에 뭐를 하겠노?"보다 "이게 나이라고" 하면서 팔

을 걷어붙이는 게 더 멋지지 않을까? 덫 중에 가장 위험한 덫이 나이라는 덫이다. 여기에 걸리면 그대로 나락에 떨어지고 만다. 통발에 든 물고기처럼 파닥거리다 끝나는 형국이 되어서야 될 말인가? 태양도 하루를 마감할 때 더 아름다운 모습을 연출한다. 나는 노을이 되고 싶다. 중학교 시절 국어교과서에 실린 나다니얼 호손의 '큰 바위 얼굴'이 떠오른다. 이 마을 전설에서 언젠가 큰 바위 얼굴을 닮은 현자가 나타난다는 것을 믿고, 주인공 어네스트 존은 그를 기다리며 최선의 노력을 다하며 살아온다. 어느 날 석양에 물든 그의 얼굴이 바로 큰 바위 얼굴과 닮았었다는 얘기는 세월이 가도 뇌리를 떠나지 않고 있다. 우리의 인생은 끝이 없고, 다음 세대로 연이어지는 끈의 한 매듭이기에 최선을 다하는 삶이 더없이 아름다울 것 같다.

불가에서는 '시간은 원래 있는 것도 없는 것도 아니다'고 한다. 우리가 만든 하나의 약속에 불과할 뿐이다. 나목裸木에 걸려있는 바람이 전해준다. 흘러간 시간보다 앞으로 오는 시간이 더 길고 소중하다고.

나는 지금 행복하다. 아직도 내게 주어진 공직의 시간표가 많이 남아 있다는 게 얼마나 고마운지 모른다. 이 시간에 내가 할 일은 수없이 많다. 다음 세대를 위해 나의 열정을 죄 쏟아 붓고 싶다. 가슴으로 보는 공간을 넓히는 것이 시간을 늘리는 첩경이다. 무엇을 찾기 위해 끊임없는 노력을 하는 것이 유한을 무한으로 바꾸는 우리들의 사명이 아니고 무엇이랴. '시간은 금이다

(time is gold)'라면 금을 캐는 작업이 곧 시간을 늘리는 작업이다. 우리의 땀과 열정과 맑은 정신이 빚어내는 결정체에서 발산되는 빛이 많을수록 투영되는 공간이 넓어질 것이 분명하다. 밴자민 플랭클린이 서점 점원으로 일할 때 고객이 머뭇거리는 시간을 금액으로 환산해서 가격을 매겼다는 일화는 시사하는 바가 크다. 시간을 만들어가는 삶은 인생의 가치를 빛나고 아름답게 늘리어 가는 소중한 자산이다.

밀레의 만종처럼 한 알의 이삭도 소중하게 거둬들이는 경건함에서 소중한 시간의 아름다움이 배어나온다. 쇠를 녹이고 두드리면 반짝이는 보검이 만들어지듯이 나에게 주어진 시간을 열정으로 태우고 싶다. 내면이 희고 아름다운 얼굴 검은 농부가 되고 싶다.

가장 아름다운 옷

딸 옷을 사주려고 D백화점에 아내와 함께 들른 적이 있었다. 숙녀복 코너에서였다. 저만치 앞서가던 아내가 멈춰 서 있는 게 보였다. 웬일인가 싶어 다가가 보았더니 멋진 외투 앞에서 정신없이 시선을 고정한 채 서 있는 게 아닌가. 슬쩍 곁눈질로 가격표를 훔쳐보는 순간 가슴이 철렁했다. 콤마 옆으로 동그라미 세 개에 또 콤마가 붙어 있었다. 전 같았으면 잠깐 멈췄다가는 발걸음을 옮기는데 이번에는 손으로 만지작거리기까지 하고 있으니 '큰일이다'는 생각이 들었다.

미안한 마음으로 따뜻이 위로를 해도 시원찮은 판에 청개구리 삼신이 동하고 말았다. "거 어울리지도 않는 옷 앞에 와 서 있노?" 하고 목소리를 높였다. 아내는 이내 뒷걸음쳐 나오긴 했지만 "저 옷 입어 봐라 나도 폼 날 건데……." 하는 눈빛은 감추지 못했다. 이러나저러나 사지 못할 게 뻔한 것을. "그것 한 벌 하지 그래" 하고 부드러운 말 한 마디 못하는 옹졸함을 어찌할까.

문득 10여 년 전의 일이 떠오른다. 서울 강남구에 있는 H백화점 앞에서 지인과 약속이 있었다. 한 시간 정도 일찍 도착한 터라 시간도 때울 겸 이리저리 아이쇼핑에 나섰다. 여성매장에서 썩 멋있어 보이는 마네킹 앞에 발걸음을 멈추었다. 겨울 코트가 너무 아름다워 보여 '저런 옷을 아내에게 입혀 보았으면…….' 하는 생각이 들어 이모저모 살펴본 것이 화근이 되고 말았다. 이내 예쁜 여자 점원이 쪼르르 쫓아와서는 "사장님, 이 옷 밍크 겨드랑이 털만으로 만든 것이에요."라며 앳된 웃음을 피운다. '사모님이 좋아할 것'이라고 하지 않았어도 발걸음을 돌렸을 텐데 본능적으로 가격표에 눈이 가고 말았다. 잠깐의 황홀한 꿈이 깨지는 순간이다. 아무리 세어 봐도 동그라미 하나가 잘못 붙은 것 같다는 생각이 들었다. 혼자서 동그라미와의 싸움이 시작되었다. 눈을 가까이 대었다가 껌벅거리고 다시 바라봐도 동그라미 하나가 더 붙은 것 아닌가. 영문도 모르는 그 점원은 "사장님, 이런 물건 만나기 어려운 것이니 사두시죠." 하고 갖은 친절을 다 베푸는 게 아닌가. 나는 솔개를 만난 꿩처럼 후다닥 놀란 나머지 "아가씨, 가격표에 동그라미 하나 잘못 붙은 거 아니에요?" 하고 외마디 소리를 지르고 말았다.

"동그라미 여섯 개가 세기 어려웠던 모양이죠?" 하며 비아냥대던 그 여점원의 웃음꼬리가 오늘 왜 이렇게 아름다운 웃음으로 피어날까. 별 싱거운 사람 다 되었지만 '옷 한 벌에 9자 붙은

백 단위가 뭐꼬. 미쳐도 단단히 미쳤지' 하며, 쫓기듯 백화점 문을 나서던 내 모습이 눈에 선하다. 그때만 해도 국민주택 규모 서울 아파트 가격이 3.3㎡(평)당 100만 원 남짓. 더군다나 전세 700만 원으로 반지하방에 세 들어 살고 있던 내 입장에서는 응당 흥분할 만한 사건이 아니었나 싶다.

지난 토요일 친구들끼리 부부동반 모임이 있어 모처럼 완행열차를 함께 타고 갈 기회가 있었다. 차창에 비쳐오는 겨울 풍경을 보며 좋아라고 하던 아내가 이내 조용해진다. 꽉 짜여진 일상에서의 벗어남이 심신을 이완시켜 주는가 보다. 겨울 햇살의 포근함에 빠져 잠든 아내의 얼굴. 발그스레한 얼굴에 세월의 그림자만 빼면 열여섯 살 소녀다. 아름다운 것은 우러나는 것이지 드러나는 것만은 아닌 것 같다. 고생의 자국이 나이테처럼 묻어나는 눈가의 잔주름. 내 마음의 손길로 곱게 펴줄 수는 없을까? 저 가는 고랑 속으로 얼마나 많은 아픔의 강물이 흘렀을까 하는 안타까운 생각이 들었다. 가만히 손을 잡아본다. 거칠어진 손등 위로 세월의 물살이 느껴진다. 박봉의 공직을 내조한다는 게 이처럼 어려웠음이 아닌가. 한참 만에야 눈을 뜨고는 '이 영감 웬일인가' 싶은 듯 손을 꼭 쥐며 몸을 기대어 온다. 따뜻한 흐름이 이어진다. 가슴으로만 전해지는 삶의 박동이 맑은 종소리로 울려오는 듯 했다.

어디 손등만 거칠어졌을까. 어깨에 기대어 있는 내자의 머리 숲 밑에서 하얗게 흰 머리카락이 솟아나고 있는 게 아닌가. 평생 젊게 살아주기를 바라는 어리석은 나를 보게 된 것이다. 인생의 길이가 서산 쪽으로 원을 그리고 내려앉으면 아름다움에 대한 눈이 달라지는 것일까. 담벼락에 누렇게 익은 호박덩이가 달빛을 받아 달님이 되듯이……. 아내는 나에게 호박도 되고 바람도 되고 달도 된다. 그 곱던 피부가 돌처럼 여물어진 것을 보면 삶의 물살은 쓰나미(지진해일)보다 강한 게 분명하다. 강철은 뜨거운 용해를 통해 쇳물이 되어 흐르기도 하고, 담기고 두드려져 새로운 이미지의 형상화가 이루어진다. 아내 역시 삶의 숱한 곡절을 넘으면서 새로운 모습이 되어 있다. 쇳물로 피어나는 철꽃보다 더 강한 꽃으로, 들국화보다 더 진한 향기로 내 가슴에 꽃으로 피고 있는 것이다. 어디 이 뿐이랴. 35년간 무던히도 속을 썩이며 따라다니던 '박씨薄氏', '봉씨俸氏'에게도 이제 애정의 눈길을 보내고 싶다.

잠자는 것일까. 꿈꾸는 것일까. 푸른 들녘을 품은 따뜻한 햇살이 차창을 몰래 열고 들어와 아내의 얼굴에 둥근 원을 그린다. 차마 깨울 수 없다. 내 마음의 영혼, 한 줄기 빛이 되어 아내의 고운 숨결 따라 반짝이고 싶다. 역이 가까워오는지 차량이 흔들린다. 걸어둔 아내의 외투가 나의 얼굴을 스친다. 70%세일에서 간신히 건졌다고 자랑하던 옷이 아니던가. 백화점에서 예쁜 옷을 만지작거리던 모습이 클로즈업 된다. 우리가 언제 이런 데 연연했던가. 저 들판, 저 노을, 저 포근한 풀빛에다 내 마음 보태어 사랑만 머무는 옷 한 벌 선물하고 싶다. 사랑의 실로만 지을 수 있는, 세상에서 하나밖에 없는 아름다운 옷을 내 영혼의 불빛으로 지어주고 싶은 것이다.

닭서리

어린 시절 제일 큰 죄를 지은 기억이 닭서리가 아닌가 싶다. 서리의 사전적 정의는 '떼를 지어 남의 물건을 훔쳐먹는 장난'이다. '60년대 말에는 집집마다 닭 서너 마리, 소 한 마리가 드러난 살림의 전부였다. 그 중에서도 쉽게 현금화할 수 있는 것이 닭에서 나오는 달걀이었다. 5일장이 서는 날이면 어머니는 이 계란을 소중히 간수해서 내다 팔곤 했다. 계란이 어쩌다 깨지는 경우를 제외하고는 맛을 본다는 것은 그림의 떡이었다. 워낙 소중히 다루어서인지 깨질 리 만무했고, 달걀을 처음 먹어본 게 고등학교를 졸업하고 공직에 나선 후였다고 하면 요즈음 애들이 믿어줄까. 닭장에서 알을 놓고 "꼬끼오" 하고 홰를 치는 소리가 들리면 곧장 알을 꺼내어 어머니께 드리곤 했다. 환하게 번져오는 어머니의 밝은 모습이 보기 좋아서였다.

나는 이따금 닭이 알을 낳는 모습을 보면 종족 번식을 위해 최선을 다하는구나 하는 생각을 하곤 한다. 알을 낳을 때는 아무데나 낳는 것이 아니다. 꼭 닭장에 올라가 알을 낳고는 "꼬끼오"를 외치고 뛰어내린다. 생명을 산출시킨 자부심의 표현일까. 새 생명의 탄생을 축하하는 또 다른 소망의 염원일까. 나는 암탉이 알을 품고 있는 것을 보았다. 잠시도 눈동자를 풀지 않고 주위를 살피며, 다른 물체가 나타나면 "고~올" 하고 뱃속의 힘을 내어 경고음을 보낸다. 병아리가 태어나면 두엄을 뒤지고 먹이를 찾아주는 저 자상함! 병아리를 몰고 다니는 닭도 저러할진대 우리의 어머니는 오랜 세월 동안 가슴에만 태워온 사랑의 아픔이 얼마나 크셨을까. 계란을 들고 장방(벽장의 경주 지방 사투리)에 가져갈 때의 어머니의 그 환한 미소에서 가난의 아픔이 얼마나 큰지를 어렴풋이나마 느낄 수 있었다.

사정이 이렇다 보니 그 당시 시골에서 육류 단백질을 공급받는다는 게 여간 어려운 일이 아니었다. 백년손님이라는 사위가 오면 닭을 잡곤 했는데, 이도 삼시세끼(조·중·석 3끼니의 사투리) 정도는 걱정이 없는 집에서나 있을 법한 일이다. 그나마 낌새를 챈 친척이 몰려오는 통에 몸보신은커녕 닭 한 마리로 동네 잔치가 되고 말았으니 그 댁 장모는 얼마나 애간장이 탔을까.

농촌의 서리는 주로 농사일이 없고 밤이 긴 겨울에 많이 벌어졌다. 이 서리의 연령대를 보면 밀서리나 감자서리는 초·중등생, 수박이나 사과서리 같은 것은 공통 연령대에 해당된다. 서리 중에서 꽃이라 할 수 있는 닭서리만은 경제적 가치 면이나 짜릿한 스릴이 있는 점에서 최소한 고등학생 이상은 되어야 하고 경제력이 없는 군 입대 전까지 청년들이 주 대상이었다.

닭서리는 겨울철에 보통 남녀가 모여 편을 짜서 '나무 이름 대기'라든가 '수건돌리기' 같은 게임을 해서 지는 쪽이 벌칙으로 서리에 나선다. 밤에 이루어지는 일이라 다른 동네에 가서 하는 것은 어려운 일이다. 닭서리를 하러 갔다가 주인에게 들키면 참새를 잡으러 왔다고 둘러대면 그만이다. 예전에는 대부분 초가집이어서 참새들이 처마 근방에 구멍을 내고 밤잠을 자곤 했고, 이런 점을 이용하여 손전등으로 비추어 참새를 잡곤 했다. 닭서리는 웃음 반, 울음 반의 해프닝이 일어나기도 했다. 닭서리 해온 것을 좋아하며 먹었는데 이튿날 자기네 닭이 없어진 것을 알았을 때의 쓰라림은 아침밥이 넘어가지 않는 것만은 아니었다.

고등학교 다닐 때의 일로 기억된다. 간덩이가 좀 작은 편에 속하는 편이어서 어쩌다 닭서리에 참여할 때면 기껏 망지기 역할이 고작이었다. 그 때는 집집마다 대문이 없는 시절이라 마당까지 진입은 용이하였지만 대부분 닭통이 사랑채 옆에 있는 벽에 매달아 놓았는지라 마지막 결행에 다다르면 꼭 오징어 구울 때처럼 오그라져 버리는 것이 아닌가. 나는 우리 축구팀이 문전에서 결정적인 순간 슈팅을 하지 못하는 것을 나무라지 않는다. "너 자신을 알라"라는 소크라테스님의 말씀을 가슴에 새겨두고 있음일까.

한번은 무엇인가 용감성을 발휘하여야겠다는 객기가 동했다. 윗집에 사는 동갑내기 K와 함께, 그것도 백주에 이웃마을로 닭서리를 하러 갔다. 꿩을 잡을 때 쓰는 청산가리 덩이를 쌀알같이 깨어 종이에 싸고는 J마을에 들어섰다. 그날따라 혹독한 추위 때문에 골목에 인기척이라고는 없고, 양지바른 쪽에 통통한 씨암탉이 네댓 마리 낱알이라고는 한 톨도 없는 땅바닥을 긁고 있었다. 가슴의 방망이질을 간신히 누르고 청산가리를 뿌렸다. 아니 이 닭들은 검증도 해보지 않고 이게 웬 떡이냐는 듯 그대로 쪼아 먹는 것이 아닌가. 순간 가슴이 철렁 내려앉는 느낌이 들었다. 닭 네 마리가 그 자리에서 주저앉지 않는가. "에라 두 판지기다." 하고 눈을 꽉 감고 가슴팍에다 닭 두 마리씩을 넣고는 우리 동네와는 반대 마을로 냅다 뛰었다. 완전범죄를 한답시고 일부러 산을 두 개나 넘고, 거랑을 지나 우리 동네 옆 산 밑의 마른 하천에 모래를 파고 닭을 묻었다. 정말 "이렇게 엄청난 일이 될 줄 알았으면 닭서리를 나서지 않는 것인데……." 하고 몇 번이고 후회를 해 보았지만 이미 엎지르진 물이 되고 말았다.

닭을 잃어버린 집에서는 얼마나 난리가 났을까. 부모 몰래 닭을 삶아 먹으면서도 "그 어머니가 우리 어머니인데" 하는 생각에 닭을 먹는 건지 눈물을 먹는 건지 가슴이 저며 왔다. 형들이 하는 닭서리를 흉내 낸 것이 잘못이다. 어쩌다 남의 닭장을 열고 한 마리 훔쳐오는 것은 모르되 약물로 모든 닭을 잡아버리는 행위는 범죄가 아니고 무엇이랴. 상대방에게 감내하기 어려운 고통을 안겨 주는 것은 '놀이'가 아니라는 생각이 두고두고 마음의 빚으로 남아 있을 줄은.

머~시야

'머시'라고 하면 이제 아는 사람이 몇 안 되는 시대가 되고 말았다. 우리 지역의 '머시'는 온데간데없고, 다른 지역의 '거시기'만 회자되고 있는 안타까운 실정이다. '머시'와 '거시기'가 비슷한 뜻이라고 하면 다들 고개를 갸우뚱할 게 뻔하다. 예전 같으면 연로하신 분들이 툇마루에서 "머~시야"라고 부르면 '개똥이', '쇠똥이' 할것없이 모두 뛰어나오곤 했다. 연세가 들어 기억이 가물가물하면 '머시' 하나로 소통이 이루어졌다. 어디 그 뿐인가? 직접화법으로 곤란한 것이 있으면 "머시" 하고 뜸을 들이면 다 알아들었다. 대화란 꼭 정확한 표현만으로 되는 것은 아니지 않은가. 특히 소통은 말을 잘한다고 원활해지는 것은 더더욱 아니다. 나는 화려한 술사보다 때로는 어눌하지만 진실이 담긴 말 한마디가 소통의 폭을 넓혀준다고 생각한다. 표정과 몸짓, 눈빛으로

도 마음의 거리를 얼마든지 당길 수 있다는 점에서 '머시'의 매력이 있는 것이 아닐까?

나는 우리말 중에 '머시'를 사랑한다. 뭔가 딱 부러지지 못하는 어중간한 내 모습과 닮았다는 생각이 들어서인지도 모른다. 어린 시절 어머니, 아버지의 "머시" 한 마디에 재떨이면 재떨이, 담뱃대, 지게, 낫, 호미, 가위 등등 모든 게 통하곤 했다. 말 한 마디에 모든 소통이 단번에 이루어질 수 있는 것이 머시 외에 또 있을까? '머시'는 1:1 소통을 넘어 다자간 소통과 참여의 폭을 넓히는 역할까지 한다는 생각이 든다. 더욱이 물너울처럼 약간의 리듬까지 곁들여 있어서 누구나 쉽게 부를 수 있어서 좋았다. 게다가 화자 간 공간의 크기, 심적 영역, 공감대의 구조와 같은 다양성이 한 꾸러미로 함축되어 있다는 점에서 훌륭한 어휘라 아니할 수 없다. '머시'의 마법은 아무래도 한 단어로 여러 사람의 행동을 끌어내고, 수직 계층 간 또는 수평거리의 화자와의 간접 소통까지 가능한 데 있지 않나 싶다.

유년 시절 나의 기억의 창고 속에서 그림 한 장을 꺼내 본다. 희미한 호롱불 밑에서 어머니는 바느질을 하시고, 나는 엎드려 책을 보고 있는데 어머니가 "머시"라고 했다. 나는 담뱃대를 찾는 줄 알고 담뱃대를 드렸는데 바늘에 실을 꿰어 달라는 말씀이었다. 어머니와 같이 앉아만 있어도 "머시"라고 하면 정확하게 맞추곤 했는데 어인 일일까? 마음이 다른 곳에 가 있으면 아무리 가까이 있어도 소통이 되지 않는다는 것을 일깨워주는 계기가 되었다.

요즈음처럼 세상이 각박하고, '불소통'이라고 야단들인 걸 보면서 어둔하지만 '머시' 한 마디로 소통의 문이 열리던 때가 그립다. 마음이 가까이 있어야 통한다는 보편적인 진리가 새삼 귓전을 울린다. 언제부터인가 아름다운 소통의 매개체인 '머시'가 전라도 지방 방언인 '거시기'로 바뀐 것은 안타까운 일이 아닐 수 없다. '머시'와 '거시기'는 유사할 뿐 같지 않다. '거시기'의 경우 은근히 숨겨야 할 부분을 노골적으로 나타내는 데 쓰이기도 하지만 '머시'는 순수한 말의 표현 외에는 다른 뜻을 내포하고 있지 않기 때문이다. 잊어버린 생각을 다른 사람을 통해 되살아나게 하는 '머시'야말로 얼마나 아름다운 언어의 발자취인가? 추억 속에 묻혀있는 머시를 자연스레 되살려 보아야겠다는 생각이 든다. 한 낱말이 사라진다는 것은 유구한 역사가 만들어 온 가치 하나를 상실해버린 것과 같기 때문이다.

나는 가금씩 사람은 참 과학적으로 만들어진 동물이라는 생각을 하곤 한다. 50 중반을 넘어서면 누구나 자신이 '잘 잊어버린다.'는 것을 느끼기 마련이다. 어떤 때는 중요한 약속을 하자마자 바로 전화가 걸려오면 십중팔구 낭패를 보기 십상이다. 한참 얘기를 하느라 직전의 일을 까맣게 잊어버리기 때문이다. 사람들은 대개 이런 일을 당하면 '내가 늙었구나!' 하는 작은 한탄을 내뱉는다. 모든 것을 젊은 날처럼 다 기억한다면 어떻게 될까? 아마도 제 명을 다 채울 수 없을 거라는 생각이 든다. 망각을 두려워할 필요는 없다. 자연의 아름다운 동반자라고 생각하면 그만이다. 우리가 다른 동물과는 달리 글을 쓸 수 있다는 게 얼마나 다행스러운 일인가. '메모'라는 서산으로 넘어가는 인생의 또 다른 동반자를 두면 될 뿐이다. 늙어 간다는 것은 새로운 동반자를 만들어가는 것인지도 모른다. 나의 영역을 벗어나는 것들을 애써 잡을 필요가 뭐 있는가? 큰 것이 가면 작은 것들을 여러 개 오도록 하면 될 일이다. 귀찮을 수 있지만 이런 과정이 나의 삶의 길이를 늘려가는 작업임에야.

눈 뜨고, 밥 먹고, 잠자리에 들 때까지 함께 살아가던 정겨운 풍경이 그리워지는 것은 무슨 연유일까? 잘 기억이 나지 않으면 "머시야"라고 부르면 그만이던 시절이 다시 올 수는 없을까? 물질보다 중요한 마음의 풍족. 돌틈을 헤집고 민들레가 활짝 웃음꽃을 피우는 것처럼 행복은 작고 어려운 데서 피는 법이다. 세상의 어떤 아름다움이 마음에서 우러나와 미소로 번지는 모습에 견줄 수 있을까? 숱한 어려움을 겪고 흘러온 강물이 자신의 아픔을 잊어버림으로써 비로소 바다가 되는 것처럼 내려놓음으로써 쉬 흘러갈 수 있는 인생이었으면 좋겠다. 사랑이 모여 푸른 등불이 되고, 다시 새로운 꽃으로 필 수 있다는 것을.

이제 인생의 황혼을 아름답게 채색할 수 시간이 된 것 같다. 시골 툇마루에서 "머시야" 하고 부르면 모두가 달려오던 어릴 때 광경을 연출해보고 싶다. 마음을 여는 문들이 점점 닫혀 갈수록 사랑하고 이해하고 보듬어주는 한 줄기 푸른 바람이 되고 싶다.

옛 추억의 길목에 코스모스처럼 작은 웃음 흔들어주고 싶다. 지난밤에는 잠결에 “엄마” 하고 불러보았다. 예순이 넘은 나이에도 어린아이처럼 눈물이 나는 것은 그리움의 강물이 넘쳐나서 일까? “머시야, 머시야, 머시야” 어머니의 나직한 목소리가 가을 바람결에 저만치 멀어져 가고 있다. 나이가 뭐 대수인가? 사랑이 그리운 것은 마찬가지인데…….

세 갈래 길

사람이 살아가는 것을 두고 인생행로라 부른다. 이 여정은 숱한 길을 밟으며 가야 하는 길의 연속이기도 하다. — 가시밭길, 고갯길, 모랫길, 시궁창길, 바윗길……. —그렇기에 뜀박질도 하고, 쩔룩거리기도 하고, 사색하며 조용히 걸어가기도 한다. 외길은 걸어가면 되지만 갈래 길을 만나면 멈추어야 하고 어느 길을 가야 할지 망설여지기 마련이다. 두 갈래 길은 선택이 반반이라서 잘만 선택하면 반은 맞는데 세 갈래 길은 방향을 잡기가 참으로 어렵다.

어린 시절 낯선 길을 가다가 두 갈래 길을 만나면 손바닥에 침을 뱉고, 손바닥으로 탁 쳐서 그 침이 튕기는 방향으로 걸어가곤 했다. 그것이 설사 맞지 않더라도 정보가 없을 때는 일단 해보는 것이 열쇠가 될 수 있었기 때문이다. 아직은 먼 길을 가야 할 때가 아니므로 조그만 시행착오들이 모여 제대로 가야 할 길을 찾아 주는 이정표가 되기도 했다. 중요한 것은 '나의 결정'이 있었다는 점이었다. 결정이라는 것은 자신의 몸을 불리는 단초이다. 2km를 잘못 가면 결국 6km의 수고를 하여야 한다. 그러나 이것은 귀중한 땀을 흘렸기 때문에 귀중한 자산이 될지도 모른다. 길을 몰랐다면 지도를 볼 것이다. 그리고 하나의 길 외에도 수많은 길이 있음을 발견하게 된다. 결정에 대한 자신감으로 새로운 길을 찾는 데 적극적일 것이고, 새로운 세계에 대한 눈을 빨리 뜰 수 있는 부가가치를 창출할 것임에 틀림없다. 이제 2km의 길을 36km까지 확장할 수 있는 힘이 축적되었다고 보아야 할 것이다.

세 갈래 길을 만났을 때는 선택이 여간 어렵지 않았다. 어디로 갈 것인가? 어느 쪽도 선택하지 못하고 더 망설여진다. 결정하기까지 많은 시간이 흐른다. 손바닥에 침을 뱉어 튕기는 것 가지고는 해결책이 되지 않기 때문이다. 고민의 시작은 탈바꿈의 시작인지도 모른다. 지도 위에 새겨진 것들의 정보가 필요한 것이다. 길은 길로서 끝나지 않고, 길을 중심으로 삶과 그 흔적들이 켜켜이 쌓여 있어 들추어 보려면 한계를 느끼기 마련이다. 책을 봐야 하고, 스승의 가르침을 받아야 한다. 어느 길이 가야 할 길인가? 어디에도 정답은 없다. 나의 선택이 길을 정할 뿐이다. 두 갈래 길에 비하면 되돌아오는 길이 멀기만 한 것이 아니고 때로는 뒤죽박죽이 되어 주저앉아버리고 싶을 때가 있다. 성공한 사람과 아닌 사람의 차이가 여기에서 나타난다. 엉덩이를 털고 일어나서 다시 길을 찾아가는 사람에게는 길이 열리기 마련이다. 길은 그대로 있고, 단지 사람이 걸어갔을 뿐이기 때문이다.

인생을 한 바퀴 돌고 다시 시작하는 이맘때라고 해서 자유롭게 선택할 수 있는 것도 아니다. 세 갈래 길은 여전히 어렵기만 하다. 그러고 보면 인간의 예지 능력이란 동물에 비해 턱없이 떨어지는 부분이 많다는 생각이 든다. 길 찾기만 봐도 그렇다. 산길을 걸으면 토기는 토끼의 길이 있고, 노루는 노루의 길이 있다. 이들은 자기가 걸어 온 길은 눈이 쌓여 외형으로는 도저히 분간할 수 없는데도 용케 찾아낸다. 사람들은 눈이 덮인 길은 왜 한 치 앞도 알아내지 못할까? 이 길이 생사를 가늠하지 않기 때문이다. 동물들은 길을 만들지 않으면 살아남지 못한다는 것을 알고 있기 때문에 이 길에 혼신의 힘을 다 쏟는다. 변을 보기도 하고, 나무껍질을 벗기기도 하고, 작은 나무를 갉아 나름대로 표식을 해둔다. 하지만 사람들은 길만 갈 줄 알았지 다음을 생각하지 않는다.

노마지지(老馬之智)라는 옛말이 있다. 춘추전국시대 제 환공이 고죽국을 정벌하러 갔을 때의 일이다. 봄에 나가 겨울이 되어 돌아오게 되었는데 대군이 눈 덮인 산속에서 길을 잃고 말았다. 이 때 명재상 관중은 늙은 말 한 필을 풀어놓고 그 뒤를 따라 행군했다. 얼마 가지 않아 큰 길을 만날 수 있어서 무사히 환국했다고 한다. 우리 사회가 언제부터인가 젊은 사람이 아니면 안 되는 것으로 변해버렸다. '신고려장' 문화가 생겨버린 것이다. 나이 많은 사람은 죄다 뒷전으로 밀리고 젊은 사람이 판치는 사회가 되고 만 것이다. 지혜가 필요한데 지식만 가지고 세상을 경륜할 수 있을까? 경쟁에만 열중하고 정작에 이루어야 할 가치 있는 일들이 외면받는다면 큰일이라는 생각이 든다.

인생이 세 갈래 길뿐이라면 얼마나 좋을까? 만 가지도 넘는 그 수많은 길이 펼쳐져 있는데 덤벙거리지 말고 찬찬히 바라보며 걸어가야 될 것 같다. 한쪽으로 치우치지 말고 눈속에서도 길을 찾아낼 줄 아는 사려 깊은 사회의 눈들이 있어야 할 것 같다.

아름다운 기념

공직 40년을 마무리하는 시간이다. 돌이켜보면 퍽 길었다는 생각이 든다. 그런데도 여전히 아쉬움이 남는 것은 무슨 연유일까? 살아가는 인생살이는 가파른 언덕을 올라가는 것과 같고, 지나간 여정은 스쳐 지나가는 바람처럼 한 순간인 것과 같다. '인생일장춘몽人生一場春夢'이라지만 언제 마음자락 깔아놓고 홀가분하게 쉬어감이 있었던가. 원래 공직생활이라는 게 아등바등, 쪼리쪼잔하기 마련이다. 이쯤 와서 뒤돌아보며 '타령' 한 번 할 수 있다는 게 어디냐 싶다. 큰 의미를 두지 않고 무심으로 삶을 그려나가는 것이 행복이라면 행복이다. 이렇게 한 순간 철이 드는 것도 만 번의 기도를 드린 가피가 아닐까? 원래 시간이란 존재하지 않는 것인데 애써 만들어가며 맴도는 우리네 궤적을 어찌하랴.

남들이 나에게 붙여주는 별호가 있다면 '미련 곰탱이'이다. 인생 한 텀(term) 지났으면 깨우칠 법도 한데 공직 40년을 기념할만 한 꺼리를 찾아 나서고 있으니 한 소리 들을 만하다. 딴은 9급에서 3급까지 벼슬을 했다 하옵시고 광대 짓을 하고픈 게 덜 익은 사람의 속성인 걸 어떡하랴. 이래저래 생각을 짜다가 문득 38년 전 군 생활 때 모시던 중대장과 후임병(당시는 '조수'라고 불렀음)인 남 일병이 떠올랐다. 마침 두 사람 모두 문경에 살고 있어서 '국장' 퇴직 기념으로 식사를 함께 하는 것도 의미가 있지 않을까 하는 생각이 들었다. 퇴직기념을 위한 단 하루의 휴가. 연간 20일의 휴가 일수 중 딱 3일 외에는 찾아먹지 못한 위인이고 보면 파격적인 결정이었다.

북부정류장에서 버스를 탔다. 어린 시절 소풍 때도 이렇게 들뜨지 않았으리라. 세월의 파도가 38년을 뛰어넘어 강원도 화천의 고지까지 데려다 주었다. 늙고 젊음이 한갓 부질없는 말장난에 불과한 것일까? 20대로 돌아간 나의 모습이 흐뭇하기만 하다. 마음의 풍선을 높이 띄울수록 사물의 모습이 달리 보이기 십상이다. 차창 너머로 전개되는 신록의 잔치가 그렇고, 들판 가득 풍겨오는 푸른 냄새가 정답기만 하다. 사람 사는 게 참 묘하다는 생각이 든다. 군 생활의 특별한 인연을 맺은 두 분이 한 지역에 모여 사는 것이나, 강산이 네 번 바뀌어도 연락이 끊어지지 않고 만날 수 있는 것이 보통 인연이냐 싶었다. 약속시간보다 일찍 닿아서 문경시청 마당에서 이리저리 서성이었다. 중대장은 건강이 어떠실까? 남 일병은 얼굴이 희고 고운 모습이었는데 어떻게 변하였을까?

소령 진급을 하고 싶어서 전력투구하던 모습이 생생한데 꿈을 이루었을까? 한참 기다리는데 저만치서 중대장이 걸어오고 있었다. 세월이 타지 않는 함박웃음은 예전 그대로였다. 시간을 돌려도 변하지 않는 게 스타일이란 걸까?

엄 중대장은 식당 주인더러 "이 사람이 대구시 국장인데 38년 만에 만나게 되었다."며, 좋아서 어쩔 줄을 몰랐다. 하긴 이 세월에 군대 시절 옛 상관 만나러 문경새재까지 찾아온다는 게 그리 쉬운 일이 아닐 성싶다. 막걸리를 주문하는 것을 보고, 나도 모르게 "중대장님, 오늘은 소줍니다."라는 말이 튀어나왔다. 중대장이 소주를 워낙 좋아하시는 분이라 훈련 나갈 때마다 내 수통에는 물 대신에 늘 소주가 채워져 있었다. 여름철 1,000고지 이상을 오르는데 땀이 비처럼 흘러내렸다. 목이 타들어갔지만 수통을 만지면 소주가 가득 들어 있었으니 죽을 것만 같았다. 하지만 중대장의 입가에 미소가 감아 도는 특유의 기분 좋은 얼굴을 생각하면 감내하지 않을 수 없는 노릇이었다. 사회에서 이렇게 했으면 큰 출세했을 건데 애석하게도 그 이후 '고빼(아첨의 사투리)'와는 거리가 먼 사람이 되고 말았다.

이런저런 설명으로 술잔이 도는데 한참 지나서야 남 일병이 헐레벌떡 들어왔다. "선배님!" 하는데 '이것 봐라 하늘같은 왕고한테 병장님! 하지 않고' 하는 말이 입 안에 빙그르 돌았다. 멀쩡한 신사들도 개구리복만 입혀 놓으면 망나니 행동을 한다더니 이를 두고 한 말일까? 나도 모르게 웃음이 새어 나왔다. 옛 군인 셋이 만났으니 군대 얘기가 홍수처럼 터져 나오기 마련이었다. 남 일병은 아직도 서무병(중대 행정병의 보직 이름) 조수를 중대장이 시킨 것으로 알고 있었다. 사실 중대장과 같은 고향인 데다 형과 중대장이 친구였으니 행정병을 시키고자 하면 좋다고 생각할 줄 알았는데 정반대였다. 소령 진급을 앞두고 구설수에 휘말리지 않으려는 이유 때문이었다. 나는 '고향 까마귀인데' 하는 생각으로 동의도 없이 나의 조수로 써버렸다. 이제야 옛 비밀을 알아차린 남 후배는 깜짝 놀라는 것 같았다. 고맙다는 표시가 음식값 계산으로 이어졌지만 어디 될 법한 일인가. 나는 영수증을 찢어버리고 다시 계산을 하면서 내심 '이 친구 아름다운 기념 프로그램을 망치려 하나?' 하며, 다소 근엄한 얼굴로 재연을 막을 수밖에 없었다.

나의 아름다운 기념은 대성공이었다. 중대장은 두 달 전에 어느 일간지에 써 놓은 나의 칼럼을 수첩에서 꺼내어 보여주는 게 아닌가.

고이 접어 간직해온 신문지 한 장, '봄을 기다리는 마음'. 마른 대지에 새싹이 돋는 것처럼 사람의 마음에도 봄이 올 것 같다. 나에게서 너에게, 너에게서 우리에게. 서로 서로 간격을 열면 참 아름다운 하늘이 열릴 것 같다. 아름다움은 작지만 향기가 나는 법이다. 시공을 뛰어넘는 마술의 피리와 같다고나 할까. 오늘의 소주 한 잔이 이 어른에게는 두고두고 자랑거리로 회자될 것 같다. 소령 진급은 끝내 못 하였지만 구수한 미소는 장군보다 멋진 계급장이 아닌가 싶다.

옛 인연을 만나 40년 공직을 마무리할 수 있다는 게 얼마나 고마운지 모른다. 아름다운 기념, 그것은 작은 데서 울려오는 메아리가 아닌가 싶다.

낭거이

내 기억의 섬에 있는 마을 이름이다. 초등학교 시절, 벽촌인 우리 마을에서 학교까지는 줄잡아 십 리가 넘는 먼 거리였다. 경지정리가 되지 않아 길다운 길이 없었고, 농로를 따라 꼬부랑길이 연이어졌는가 하면, 천정천 바닥에는 흰 모래가 하얀 웃음을 머금고 길게 서 있었다. 면 소재지로 나가는 길마저 소달구지 하나 변변하게 지나갈 수 없을 정도로 좁고 꾸불꾸불했다. 차 구경이라도 할 수 있는 기회는 어쩌다 짐 실은 육발이가 둔탁한 소음과 함께 먼지를 날리면서 지나칠 때였다. 택시는 간혹 혼인한 신랑이 마른 하천을 타고 들어올 때였고, 이런 날에는 동네 꼬맹이들이 신나서 우르르 몰려들곤 했다. 이마저 천정천 바닥을 타고 이리저리 수양버들처럼 휘어져 돌아 간신히 마을 어귀까지 고개를 들이밀고는 숨 가쁘게 돌아가기 일쑤여서 여간 아쉬운 일이 아니었다.

초등학교의 등하교 길은 아득하기만 했다. 버스가 다니지 않으니 길이라 해봐야 개울둑, 논둑, 모래사장을 불문하고 사람 발길 따라 나 있는 대로였다. 세월을 큰 걸음으로 다섯 걸음을 훌쩍 뛰고 보니 이 작은 길이 내 가슴에 무지개처럼 걸려 있다. 양푼이 가장자리에 붙어 있는 보리밥 한 덩어리를 '마파람에 게눈 감추듯' 해치우고는 책보자기를 대각선으로 올려 메고 집을 나서던 정경이 눈에 선하다. 하얀 찔레꽃이 만발한 개울둑을 걷기도 하고, 타박타박 아픈 가슴을 찍으며 모래사장을 걸어가다가 개구리 울음이 묻어 있는 논배미를 벗어날 무렵에는 흰 구름이 되어 하늘을 날곤 했다.

가도 가도 쉬 닿지 않는 등·하굣길. 이 먼 길에 사막을 걸어갈 때 오아시스를 만나는 것처럼 아늑한 쉼터가 하나 있었다. 긴 모래 둑과 꼬불꼬불한 논둑을 벗어날 때 쯤 북쪽으로 대나무 숲으로 둘레를 치고, 초가집 세 채가 시야에 들어온다. 우리는 이 마을을 '낭거이'라 불렀다. 나무의 옛 이름이 '남간'이니 남간이 있는 곳, 즉 '남간이'에서 낭가이→낭거이로 발전한 것일까? 아무리 뜯어봐도 정확한 어원을 알 수 없다. 어쨌든 삼 칸 지기 초가집 세 채가 'ㄷ'자로 울타리를 맞대며 서 있었다. 추위를 최대한으로 차단한 건물 배치 때문인지 이 낭거이에만 오면 살 끝을 에는 추위도 이내 포근함으로 바뀌고 만다. 대숲을 건너온 바람소리도 햇볕이 소담히 담겨진 초가지붕에 다다르면 따뜻한 미소로 바뀐다. 이웃이 아름다운 정으로 살아가고 있음인지 칭얼대던 아이가 엄마 젖꼭지를 물 때처럼 평화로웠다. 아직도 학교까지는 절반은 더 가야 한다. 이 작은 공간을 벗어나기 싫어 머뭇대다가는 떨어지지 않는 발걸음을 옮기곤 했다.

한가운데 집이 돌아가신 숙모의 친정이라는 말을 들어서 일까? 이 낭거이를 지나칠 때면 더 따뜻한 정을 느끼곤 했다. 아무런 자식도 두지 않고 돌아가신 숙부·모의 제사를 내가 모셔야 한다는 말씀을 어른들로부터 들어왔기 때문인지도 모른다. 나는 어린 마음에 이 집 할머니에게 나의 이런 사정을 알리고 싶은 충동이 일곤 했다. 양자로 치면 외할머니가 아니신가. 이 낭거이를 지나칠 때마다 할머니가 혼자서 밭에 계시기를 기대했지만 좀처럼 기회가 주어지지 않았다. 어느 봄날인가, 할머니 혼자 채소밭에서 푸성귀를 솎아내고 있지 않으신가. 너무도 반가운 나머지 밭으로 달음질쳤다. 나의 이런 행동을 이상해 하며 허리를 펴시는 할머니에게 다가갔다. "제가 못 안의 강동댁(할머니의 택호) 둘째 손잡니더." 하는데, "아, 그러냐?" 하시며 이내 눈가에 슬픈 미소가 번져가는 것 같았다. 지금 생각해보니 20대에 요절한 딸의 모습이 얼마나 그리웠을까? 아이들이 살아 있었다면 외할머니를 찾아왔을 텐데 말이다. 나는 지금도 그 할머니의 슬픈 미소와 다정한 눈빛을 잊어버릴 수 없다.

경지정리가 되고, 신작로가 나고 세월의 발자국이 저만치 걸어가는 동안 낭거이의 기억이 추억의 창고 속에 묻히고 말았다. 세찬 겨울바람이 부는 어느 날 고향 길을 가다가 '원골' 언덕배기에서 차를 멈추었다. 흰 갈대가 바람결에 숨어 옛 추억을 흔들며 깨우고 있는 것이 아닌가. 외투 깃을 세우고 바람결에 섰다. 아! 북쪽 들판 저 건너편에 어릴 적 그대로 낭거이가 다가온다. 대나무밭도 그대로이고, 초가집도 예전처럼 어깨를 나란히 하고 있다. 모든 것을 다 버리고 기도하는 자세로 서있는 검은 외투를 입은 감나무가 떠나버린 사람의 흔적으로 남아 가지를 흔든다. 저 가지 끄트머리 어디엔가 달려 있을 까치집. 아침이면 절망의 잠을 다시 깨워주는 까치의 울음소리가 반갑게 들려온다. 신기루일까? 나는 어느새 낭거이 앞에 섰다. 마당 한 곁에 가지런히 쌓아놓은 짚더미, 그 옆으로 삭아서 흐늘흐늘한 지게의 멜빵이며 형체만 남은 싸리 바소쿠리, 헛간에는 세월의 바람에 타버린 재무더기와 깨진 훌찌(쟁기의 경주 지방 사투리)가 아련히 나의 가슴을 물들인다. 반갑지만 손댈 수 없는 귀한 물건들. 밭고랑 끝에서 무슨 큰 비밀을 말하기라도 하듯 입에 침을 삼키며 "강동댁 둘째 손자시더." 하며 얼굴을 붉혔던 내가 아닌가. 존재하는 것들은 다 사라져가는 것일까. 숙모의 어머니이신 그 할머니의 애잔한 미소며, 이마 벗겨진 남동생 내외분의 안타까워하던 모습이 저 멀리 구름에 가리어 보이지 않는다.

우리들의 꿈의 정거장, 낭거이. 어쩌다 가슴속에 비쳐질 때면 짜릿하도록 그리움이 되어 밀려온다. 가는 것이 오는 것의 시작임에도 가버린 것에 대한 집착은 여전하기만 하다. 털어버리려고 애써도 가만히 피어오르는 애잔함. 서산 쪽으로 한참 동안 걸어가고 있는 나그네의 뒷모습을 나는 애써 숨죽이며 지켜보고 서 있었다.

아이스케키 장수

한여름이다. 아스팔트가 지열로 쩍쩍 달라붙는다. 이맘때면 예전에 먹었던 아이스케키가 생각난다. '아이스케키' 하면 요즈음 아이들은 고개를 갸우뚱거릴 게 분명하다. 물론 사전에도 나오지 않는 말이다. 불혹이 넘는 연령 대쯤이면 '아이스케키' 이 한마디에 빙그레 웃음부터 띄운다. 아이스케키는 '60년대 이전에 유행했던 얼음과자의 이름이다. 그 당시 여름과 겨울에 골목길에서 흔히 듣는 두 가지 외침이 있었다. 여름에는 '아이스케키'이고, 겨울에는 '망개떡'이었다. 아이스케키는 팥물에다 사카린 같은 당분을 넣고 나무막대기를 꽂아 얼음을 얼린 것이었다. 말이 팥물이었지 팥 흉내에 식용색소를 푼 것 이었다고나 할까. 선풍기도 없이 고작 부채만으로 무더운 여름철을 보내는 데는 이런 얼음과자가 환영받을 만했다.

요즈음은 질 높은 아이스크림이 형형색색으로 진열장을 메우고, 예식장 뷔페 후식에까지 등장할 정도다. 아이스크림을 놓고 정담을 나누는 풍경이 서양에만 있는 것이 아니고 어느새 우리의 문화로 변해가고 있다. 이런 수다스러운 것 말고 예전의 향수를 느낄 수 있는 아이스케키를 한 입 베어 먹고 싶다. 아이스케키에 담긴 추억을 먹고 싶은 게 더 맞을 것 같다. 인터넷의 출현으로 졸지에 소외계층으로 전락해버린 쉰 세대들. 밥을 오래 두면 시어버리듯 새로운 문화에 적응하지 못하면 삶도 시어버리는 것은 아닐까? 세계가 하나의 시공간에 놓여 있다고 해서 과연 행복한 것일까? 인간 부재의 목소리가 곳곳에서 터져 나온다. 인터넷 동영상의 음란물 때문에 초등학교에까지 성폭행과 추행이 난무할 정도다. 인간의 순수한 감성은 다 어디로 가고…….

아무래도 동심을 북돋워주는 교육이 메말라가고 있는 것아 아닌가 하는 안타까운 생각이 든다. 자연으로 돌아가는 것이 인간 회복의 지름길이고, 인간 심성의 본바탕이 자연인 것을. 때 묻지 않은 자연 상태의 심성이 동심일 것 같다. 나무는 나이테가 늘어나도 연두색 푸른 잎을 내민다. 우리의 마음 밑자락에도 언제나 움트길 기다리는 연두색 잎이 있을 것 같다. 이 동심의 잎이 메말라가지 않도록 하는 처방은 없을까? 물질만능의 사상을 바꾸는 일이다. 경제적인 이익에만 치중하여 바라보는 어긋난 잣대를 바로 펴는 데는 예술의 향수밖에 더 있을까? 자연을 바라보는 눈. 음악도 좋고 미술도 좋고 문학도 좋다. 이왕이면 생각을 묻혀 글을 쓰게 하면 복합적인 감성을 불러일으켜 더 좋을 것 같다. 청소년에게 글을 쓰는 운동을 권하고 싶다. 무엇이든 생각을 할 수 있는 기회를 부여하는 것은 더 나은 사회를 만들어가는 첩경이기에.

동심의 언덕에는 추억의 기찻길이 꼬불꼬불 놓여 있다. 눈물이 많이 담긴 정거장일수록 더 아름답게 다가오는 것은 무엇 때문일까? 우리의 뇌는 기억을 저장할 때마다 엷고 짙은 물감으로 채색하기 때문인지도 모른다. 아릿할수록 진하게 물들여지는 뇌 작용의 신비. 그래서 재생의 신호가 오면 더욱 선명하고 아름답게 떠올려 주는가 보다. 30여 년쯤 미끄러져 내려가 파란 언덕에 서본다. 이 언덕은 늘 아름답다. 푸른 잔디가 음률처럼 펼쳐지고, 하얀 클로버 꽃과 노란 민들레꽃이 하늘거린다. 언제나 보아도 이슬방울같이 영롱하고, 무더기로 쏟아져 내리는 별님같이 반짝이는 꿈이 거닐던 곳이기에.

'60년대 이전에는 참 어려운 시절이었다. 대다수 사람들이 '절대빈곤'이라는 멍에를 메고 걸어가야 했다. '밥'이 최고의 가치였다면 "하하하" 웃을 게 뻔하다. 기아에 허덕이는 아프리카 지역 어린이들의 볼록 나온 배를 보면서 무슨 생각을 할까? '배가 고프다는데 왜 배가 나왔을까?' 하는 생각을 하는 것은 아닌지 걱정이 된다. 아이들이 끼니를 굶다가 어쩌다 받은 구호품과 풀뿌리 같은 것을 일시에 많이 먹고 나면 위가 확장되어 배가 볼록해진다. 예전의 우리들의 농촌에나 가난한 도시 빈민촌에는 이런

'올챙이배'가 많았다. 구호품을 얻기 위해 필사적으로 팔을 내미는 저 거친 손. 바로 예전의 우리들의 손이 아니고 무엇이랴. 지금도 눈을 감으면 어린 시절 골목길을 누비며 외쳐대던 아이스케키와 이것을 담은 나무로 만든 네모난 아이스케키 통이 떠오른다. 눈물샘으로 닦은 시공을 뛰어넘어 가슴에 어려 오는 입체화면. 아이스케키통을 울러 멘 한 아이의 음성이 들려온다.

"아이스케키", "아이스케키"

나의 어린 시절은 반 거지나 다름없었다. 점심을 차려준다는 것은 맨살을 꼬집어보아야 했다. 제각기 알아서 하기다. 여름철에는 왕잠자리나 개구리를 잡아 구워 먹기도 하고, 양조장의 고두밥 말리는 철조망가에 배꼽친구들과 옹기종기 모여 작은 손을 내밀어 넣기도 했다.

양조장에서 술을 거를 때면 양조장 앞으로 술지게미를 얻기 위해 줄을 서기도 했다. 오죽했으면 '60년 초 5·16 군사혁명의 공약에 '기아선상에 허덕이는 민생고를 시급히 해결하고……'가 들어가 있었을까.

'60년대 초였을까? 그 당시 경주에는 '부산아이스케키'와 '석빙고아이스케키'가 있었던 것으로 기억한다. 아이스케키 1개에 1환이었는데 가난한 사람에게는 '그림의 떡'과 같았다. 당장 배 채울 것도 없는데 군것질에 쓸 돈이 어디에 있었겠는가. 사실 더위가 기승을 부릴 때 다른 아이들이 아이스케키를 먹는 것을 볼 때면 입에 침이 고이곤 했다. "야! 한 입 먹어봐" 할까 봐 귀를 쫑긋 세우며 주위를 배회하지 않은 것도 아니었다. 잘난 아이에게 알량방귀를 뀌면 모를까 이제나 저제나 이 놈의 성질머리는 이것과 거리가 멀었으니 허사였다. 세상 일이 다 '완전 무'라는 것이 없는 법.

아이스케키를 먹고 난 막대기 10개를 모아오면 아이스케키 한 개를 준다는 희소식이 들려왔다. 그날부터 학교가 파하기가 무섭게 이 막대기를 주우려고 큰 길, 골목길 할 것 없이 길바닥을 훑다시피 했다. 막대기 한 개에 1환, 이것은 현금을 만질 수 있는 유일한 수단이었다.

3학년쯤 되었을 때였을까. 동네 다른 형들이 아이스케키 통을 메고 "아 달고 시원한 석빙고 아이스케키" 하며, 다니는 것이 보였다. 순간 '저 형들이 어떻게 장사를 할까?' 하는 생각이 뇌리를 스쳤다. 아이스케키 통에 앉아 쉬고 있는 형에게 다가갔다. "어떻게 하면 나도 팔 수 있는데?" 하고 물었다. 100환을 들고 가면 110개를 준다는 것이 아닌가. 10%의 마진. 눈이 휘둥그레질 정도로 엄청난 수익이었다. 이야기를 듣기 무섭게 냅다 집으로 달렸다. 봄 소풍 때 어머니가 주신 100환을 쓰지 않고 아껴두었던 게 생각나서였다.

100환을 주고 아이스케키 통을 받았지만 막상 팔려고 하니 부끄러워서 소리가 질러지지 않았다. 마음속으로 "석빙고 아이스케키!" 하고 수없이 외쳐댔지만 끝내 목소리가 기어 들어가고 말았다. 아이스케키 통을 메고 진종일 돌아다녔지만 해 질 무렵이 되어도 여전히 30개가 남아 있었다. 같은 학교 구역에서 팔면 다른 아이들에게 들킬까 봐 변두리를 돌아다닌 탓도 보태어졌지만 결국 10환을 번다는 게 도리어 20환을 잃고 말았다. 아이스케키 통을 돌려주고 남은 것을 집에 가져와서 모처럼 아이스케키 파티를 열었다. 가족들은 이것이 어디에서 났냐며 궁금해 했지만 녹아져 내리는 얼음물같이 내 마음에는 더 큰 눈물이 흐르고 있었다.

장사꾼으로 데뷔하자마자 하차해버린 아이스케키 장수. 장사 수완이 없는 탓에 나라의 종이 되어 40년이 다 되도록 봉직하고 있다. 마지막 남은 나의 길. 아름다운 삶을 위해 아이스케키 장수가 되어 못다 외친 나의 목청을 돋우고 싶다.

수능시험 단상

오늘은 2010학년도 대학입학수학능력시험 날이다. 출근 시간이 한 시간 늦추어졌지만 7시에 집을 나섰다. 아침에 일찍 일터로 나서는 것은 나의 오랜 공직 습관이다. 시골에서는 '식전 일이 반나절 일과 맞먹는다.'는 말이 있다. 새 기운으로 일을 한다는 게 중요한 것 같다. 우선 머리도 맑고, 비축해 둔 에너지가 넘치기 때문이다. 큰 시험답게 평일과는 비교가 되지 않을 정도로 차로가 붐빈다. 시험을 잘 치르기 바라는 염원들이 길게 늘어선 차량의 꼬리처럼 줄짓고 있는 것 같다.

사무실 커튼을 열고 일찍 나온 직원들을 불러 찻잔을 마주했다. 불현듯 학창 시절이 떠오른다. '70년대는 요즈음 같이 수능시험이 아니고 대학 입학 자격을 부여하는 '예비고사'였다. 고등학교에서는 본 고사에서 S대 몇 명 입학도 중요하였지만 예비고사 합격률이 얼마냐가 그 학교의 명성과 직결될 정도였다. 시험 하나로 대학 진학 여부가 결정되는 예비고사 제도는 가리어진 다른 부분을 보지 못한 것 같다는 생각이 든다. 탈락한 학생의 상실감은 감내하기 어려운 대가였다. 그러고 보면 자기 수준에 따라 대학을 결정하는 수능시험이 진화된 방법 같기도 하다. 이나저나 삶의 관문 중 큰 문임에는 틀림없으니 모두 다 좋은 점수 받았으면 좋겠다.

우리나라는 교육열이 너무 높아서 수능시험 치는 학생이나, 부모나 다 같은 처지인 것이 특징이면 특징이다. 어북하면(오죽하면의 사투리) 고3 학생을 둔 사람은 예외로 인정해주는 관용마저 생겼을까.

입시철이 되면 몸살을 앓는 곳이 한두 군데가 아니다. 팔공산 갓바위(관봉석조여래좌상)에는 학부모들로 발 디딜 틈이 없을 정도다. 한 가지 소원은 들어주신다는 부처님께 자식의 성적을 비는 어머니의 기도는 천상을 돌고도 남을 간절한 소리가 아닐까? 기도 도량인 운문사 사리암도 마찬가지다. 오전 8시가 넘으면 차량이 통행할 수 없을 정도로 행렬이 줄을 잇는다. 한편으로는 극성맞다고 걱정을 하면서도 석유 한 방울 나지 않는 자원 빈국인 우리나라가 G20 의장국으로 성장하는 데는 이런 교육열 때문이 아니었을까 하고 긍정적인 대답도 해본다.

40년의 세월을 간단없이 뛰어넘고 보면 예비고사의 아픔이 작은 강물이 되어 흐른다. 인문계 고등학교 학생이면 누구나 대학 진학을 꿈꿀 때였다. 예비고사는 100% 치르게 마련이었고, 진학생이 많지 않아 경북지역은 모두 대구에서 시험을 치르게 되었다. 예비고사를 치르려면 원서대, 관광버스 임차료 등을 포함하여 정확히 기억은 나지 않지만 20,000원 정도의 비용이 필요했다. 담임선생님께 이 돈을 내야 했는데 이것이 걱정이었다. 사실 나는 대학 진학을 할 수 없기 때문에 예비고사를 칠 이유가 없었기도 하였지만 이 돈을 낼 형편도 되지 않았다. 다 대학을 간다고 야단들인데 예비고사 치를 비용을 내지 않으면 너무 자존심이 상할 것 같아 고민을 거듭했다. 문득 아이들 앞에서는 돈을 내고 교무실에 가서 도로 돈을 받으면 되겠다는 생각이 들었다. 아버지께 돈을 도로 갖다 드릴 테니 20,000원만 구해달라고 부탁을 드렸다. 애들 앞에서 예비고사 비용을 내고는 곧장 교무실로 쪼르르 달려갔다. "선생님, 저 예비고사 치지 않으니 돈을 되돌려 주십시오." 하자 선생님의 눈이 휘둥그레졌다. 예비고사도 치를 돈이 없는 처지. 나는 이 돈을 받아들고 교실까지 오는 동안에 눈물이 쏟아졌다. 꼬깃꼬깃 감아쥔 20,000원. 시침을 떼고 자리에 앉았지만 가난함보다는 법대를 가고픈 나의 희망이 무너지는 아픔이 더욱 슬펐다. 어언 60평생을 살아오면서 세상의 그 어떤 아픔보다 희망이 무너지는 아픔이 더 크다는 것을 뼈저리게 느끼곤 한다.

지금쯤 수능시험이 마칠 시간이다. 교문에 붙어 서서 기도하는 어머니들도 조용히 결과를 기다리며 두 손을 모으고 있을 때이다. 이제는 점수보다도 더 귀중한 것이 무엇인가를 찾아보는 지혜가 필요하지 않을까? 나는 항상 인생도 자연의 일부분이라는 생각을 하곤 한다. 인생유수人生流水. 공자님도 어느 물가에서 '서자여사부逝者如斯夫 불사주야不舍晝夜'라고 하시지 않았는가. 배움에 중단이 있을 수 없고, 삶 또한 끊임없이 흘러가는 것이라면 머무름에 고착되지 말고, 세상을 크게 보며 살아가는 지혜가 필요할 것 같다.

이제 시험이 인생의 전부가 아니라는 얘기를 들려줄 때가 아닌가 싶다. 자기 자신을 찾는 노력이 새로운 삶을 창조할 수 있기 때문이다. 세상에는 무수한 직업이 있다. 우리에게 보이는 부분은 너무 작고, 그 부피도 얇기만 하다. 눈을 크게 떠야 새로운 것을 볼 수 있다. 홀가분한 마음으로 나를 찾아가는 눈을, 새로운 길을 찾을 때이다. 내가 무엇을 잘하고, 어디에 내가 머무를 찬란한 공간이 뚫려 있는지? 내가 못하는 부분은 다른 사람에게 넘겨주고, 내가 더 잘 해낼 수 있는 일에 올인한다면 필시 큰 사람이 될 것이다. 희망은 주어지는 것이 아니고, 만들어가는 것이라는 게 더 맞을 것 같다. 행복 또한 꽃처럼 소롯이 피어 있는 것이 아니고 눈물 묻은 잎사귀와 고난의 넝쿨이 함께 섞여 있기 마련이다. 이슬 맞은 풀잎이 더 영롱하듯이 행복 또한 삶의 이슬이 내리고 나면 더 아름다워 보인다. 행복은 내 안에서 찾는 것이기에 힘들지 않다. 다만 애써 피하지만 않는다면…….

그 놈의 궁상은

공무원을 오래 하다 보면 두 손이 저절로 작아져 있다. 박봉에 살아남는 방법은 손을 줄이는 일 외에는 다른 방도가 없기 때문이다. 30년도 훌쩍 어려운 물살을 넘어서일까? 어느새 조막손이 되고 말았다. 흐를수록 깊어가는 삶의 강물. 어제가 쌓여 연륜年輪이 되듯 부부는 삼 년 고개를 구를수록 닮아간다. 어제의 내 자리에 아내가 서 있는 것을 보고 흠칫 놀랄 때도 있다. 검은 머리가 은빛으로 바뀌듯 남자와 여자의 심리곡선도 상반되게 움직이는 것일까? 서로를 향해 달려가는 인생의 '관성법칙'이 만들어낸 산물일까?

신혼 초에 내자는 콩나물 가게 앞에서 옥신각신이었다. 한 줌의 콩나물도 더 얻으려는 필사의 노력. '80년대 초 물가기준으로 볼 때 기껏해야 10원어치가 될까 말까이다. 뺑튀기보다 엷은 봉급봉투를 내밀면서 소주 값으로 3,000원은 예사롭게 쾌척하던 위인이 그 누구던가?

지명이 넘는 순간 내자의 목소리가 커졌다. 백화점에 세일이 있으면 이른 아침부터 채비를 서두른다. 언제부터 이런 곳을 즐겨 찾는가 싶어 물끄러미 바라볼 뿐이다. 퇴근 때 거실에 들어서면 옷가게 난전이 펼쳐진 듯하다. 양말, 와이셔츠, 넥타이는 물론이고, 어떤 때는 메이커 양복이 주인인 양 두 팔을 벌리고 누워 있었다.

"이게 다 뭐꼬!"

"마케(모두의 경상도 사투리) 다 절반도 안주고 산 건데……."

아내의 이런 시위(?)도 다 그럴만한 이유가 있었다. 그 통 큰 체하던 객기는 다 어디 갔을까? 집사람은 세일을 찾아 나서지만 나는 폭탄세일이 아니면 꿈쩍도 않는다. 양복 한 벌 바꾸는 것도 계절이 지난 70% 세일 '창고 대 개방'이 전부이다. 어디 그 뿐이랴. 고급 음식점 앞에서는 메뉴판 옆의 가격에 눈을 꽂기 일쑤다. 3중 전기면도기 하나 사는데도 전자상가 코너를 몇 번씩 들락날락할 정도이다. 10만원 넘는 물건 앞에만 서면 손이 오그라드는 병. 이 병은 고질적이라 잘 고쳐지지 않는다. 어려운 시절도 지났고, 이제는 여유를 부려도 될 법한데 좀체 펴지지 않는 내 손을 들여다본다. 세월의 아픈 선들이 여기저기 그어져 있다.

얼마 전 친한 친구로부터 300만 원만 입금하면 오픈 때가지 무료골프를 칠 수 있다는 전화가 걸려왔다. 이것도 몇 번이고 망설이다가 결국 놓치고 말았다. 우연히 밥상머리에서 이 말을 흘렀다가 "궁상맞기는!" 하는 일갈을 맞고 말았다. 오죽하면 나의 가장 중요한 반쪽마저 이런 말을 올려놓게 하였을까?

자신을 한참 뒤돌아본 후에 안 일이지만 손만 작아진 게 아니고 가슴도 새가슴이 되어 있었다.

얼마 전 서울 KOEX(한국무역전시관) 인근 호텔에서 14시에 열리는 세미나가 있었다. 시간상으로 보아 11시 KTX 편이면 충분한데 8시 차표를 끊어야 직성이 풀렸다. 사전 준비성이 몸에 배었다고나 할까? 연고라고 없는 나로서는 돌다리도 두드려 가며 최선을 다하는 것이 유일한 삶의 줄이었는지 모른다. 12시가 조금 넘은 시간에 회의장 인근 삼성 전철역에 도착했다. 혼자서 식당에 앉아 밥을 먹기도 뭣하고 해서 빵으로 식사를 때웠으면 싶었다. KOEX 연결 통로에 있는 빵집에 들러 기다란 바케트 빵 한 개와 우유 한 통을 들고 벤치로 향했다. 이 서울바닥에 나 같은 촌놈을 알아볼 리 만무할 것 같아서 유유히 걸어 나오는 것까지는 좋았다. 그런데 이 좁은 회랑에서 평소 존경하는 K박사와 맞닥뜨릴 줄이야. 모른 척할 수도 없고, 긴 빵은 손에 쥐었는지라 어찌할 바를 몰랐다. 그분인들 얼마나 당황했을까. 당황해 하는 나의 표정을 보고 "여기 웬일이오?" 하며 손을 덥석 잡지 않는가. 한 손에 들고 있는 빵 조각이 영 어색하기만 했다. 이놈만 없었어도 이렇게 귀한 분을 만났으니 커피숍이나 식당에 가자고 졸랐을 텐데……. 어찌나 부끄러운지 귓불 옆으로 홍시 두 개가 매달렸다. 빵을 처분해야 모처럼의 대화 기회를 잡을 수 있을 것 같아 "집사람이 기다리고 있어서요." 하고 서둘러 변명을 대고는 잰걸음으로 밖으로 빠져나왔다.

나 스스로 '그 놈의 궁상은' 하는 소리가 몇 번이고 입 안에서 맴돌았다. 바깥에 나가자마자 벤치 위에 이 애물단지를 놓아두고는 급히 되돌아왔다. 다시 만나야 앞뒤의 말이 맞아 떨어지고, 나의 성의를 보일 수 있었기 때문이었다. 워낙 빨리 서두른 덕분에 용케도 그분을 만날 수 있었다. "박사님, 차라도 한잔 하시죠." 하자, 이 분은 의외라는 듯 "아니 왜 왔어요?" 하지 않는가. 나의 거짓말이 들통 난 것은 아닌가 하고 적기 걱정했지만 그런 것은 아닌 것 같았다. 그 박사님은 집사람이 기다릴까 봐 차도 마시지 않고 황급히 자리를 떴지만 나는 마음이 허전했다. '선비는 항상 의관을 정제하여야 한다.'는 어른들의 말씀이 오늘처럼 이렇게 크게 귓전을 때린 적이 없었다.

공직의 길을 걸으면서 체화된 검소함. 쉬 탈피할 수 없는 나의 멍에이자 자긍심이기도 하다. 또 얼마나 앞으로 '궁상맞기는' 소릴 더 들어야 할지…….

아무렴 어쩌랴. 나의 얼마 남지 않은 이 길. 겉보다는 마음이 풍족함에 감사하면서 묵묵히 이 길을 걸어가야겠다.

꼽치기 향수

도심지 식당가를 한 바퀴 돌다보면 간혹 '보리밥집' 간판이 눈에 띈다. 보리밥! 얼마나 향수를 안겨주는 만남인가? 활동사진 필름처럼 돌아가는 그리운 형상들 - 어머니 얼굴, 열무김치, 우물물, 기적소리, 대나무 소쿠리, 파리 떼, 올챙이배, 얼굴에 얼룩으로 피는 마른버짐…….

이내 가슴에 '눈물꽃'이 달린다. 한달음에 '보릿고개'를 넘고 있다. '보리밥'과 '꼽치기'는 뉘앙스가 다르다. 보리밥은 그냥 보리쌀로 지은 밥이고, 경우에 따라서는 쌀이 어느 정도 들어갈 수 있다. 꼽치기는 그야말로 쌀이 한 톨도 들지 않아서 한 번 삶고, 뒤이어 밥을 짓는 보리밥을 말한다.

예전에는 50호 되는 한 마을에 대여섯 집을 빼고는 논이 10마지기(2,000평) 이하인 빈농이었다. 뻐꾸기 울음이 그칠 무렵인 양력 6월이면 쌀독을 긁는 소리가 이 집 저 집 들리기 시작한다. 해는 길고, 가을은 아득히 멀기만 하고 밤에는 박꽃이 하얗게 피었다.

어떤 때는 '뚜~' 하고 들려오는 '기적'소리가 그리워지기도 한다. 그 시절에 시골에서 시계 구경은 여간 어려운 게 아니었다. 시간의 길이를 낮에는 해님의 그림자로, 밤에는 삼태성의 위치에서 대충 짐작할 뿐이었다. 그러다 보니 해가 늦게 뜨는 겨울이면 시간을 몰라 지각하기 일쑤였다. 새벽 4시쯤이면 어김없이 기적을 울리면서 지나가는 기차소리가 시계 역할을 해주어 그나마 다행이었다. 이 기차를 보리쌀을 삶을 때 지나가는 '기차'라는 말을 줄여 '보쌀차'로 부르곤 했다. 거친 밥을 조금이라도 맛있게 해 주려고 어머니는 이 기적소리에 맞추어 부엌으로 나가신다. 보리쌀을 삶은 후에 다시 밥을 짓는 어머니의 가슴은 천장에 주렁주렁 달린 숯검정만큼 아팠으리라. 쌀 한 톨 섞이지 않은 보리밥을 맛있게 하려면 이 방법이 최선이었고 보면…….

가을 한 철 빼고는 매 끼마다 '꼽치기'와 자연스레 얼굴을 마주대곤 했다. 지명知命을 반쯤 넘고 보니 어머니의 사랑이 겨울 보릿대처럼 파란 게 아니냐는 생각이 든다. 겨울을 딛고 푸른 봄을 만들어가는 보리물이 나의 가슴 한쪽에 물들어 있음이다. 요새 꼽치기 해대라면 집에 붙어 있는 며느리가 몇이나 있을는지? 기적소리가 그리운 것은 웬만한 거리는 걸어서 가던 때에 기다란 기차가 철로 위로 빠르게 지나가던 추억 때문은 아니다. 추운 겨울, 보쌀차 따라 부엌으로 나가시는 어머니의 다 해진 무명저고리가 눈물겹도록 그립다. 꼽치기 도시락을 남이 볼까 봐 뚜껑으로 가리면서 먹던 까까머리 모습이 그리움의 꽃이 되어 피고 있는 것처럼.

보리밥하면 아무래도 열무가 떠오른다. 보리밥과 열무는 궁합이 딱 맞는 음식이다. 어제 어느 TV프로에서 '요즘 과일이나 채소가 맛이 없다'는 말을 들었다. 입맛이 변해서가 아니다. 애초에 자연 상태의 제철음식이 아니니 답답하기는 그도 마찬가지가 아니겠는가. 뙤약볕 내리쬐는 한여름이면 콩밭 열무김치 우적우적 씹어보고 싶은 충동이 인다. 종달새 창공을 치솟는 예전의 콩밭으로 따라나서 본다. 콩밭 고랑 사이로 듬성듬성 열무가 고개를 내민다. 다가가 보면 콩잎이 오그라지는 사이로 뭐 그리 반가운지 씩씩하게 푸른 잎을 흔든다. 김을 매느라 온 적삼이 다 젖었어도 열무김치 한 사발 떠 나가 국물 쭉 들이켜면 금세 시원해진다. 어디 그뿐이랴. 식은 보리밥 한 덩이에 열무김치 넣고 고추장으로 비벼 먹는 맛이란 열 사람 먹다가 하나 죽어도 모른다고나 할까.

지금 보리밥집의 보리밥은 꼽치기가 아니다. 원 재료인 보리쌀을 곱게 정미해 놓은 것만이 아니고, 보쌀차의 기적소리가 묻지 않아서이다. 꼽치기 덕분일까? 나는 어려움에 처해지면 훨씬 강해지곤 한다. 아직도 나의 가슴 한구석에 서릿발에 손 얼어가며 푸르름을 잃지 않던 보리밭이 커다랗게 자리하고 있다. 그리고 꼽치기란 추억의 강물이 나의 내면에 면면히 흐르는 소리가 들린다. '꼽치기'는 요즈음처럼 전자장치로 쉽게 지어지는 밥이 아니다. 밥물의 반은 어머니의 사랑과 아픔으로 채워진 것이기 때문이다. 조그만 콩밭을 일구고 거기에다 듬성듬성 열무씨앗 넣어볼까. 매미 자지러지게 울어대고 뜨거운 해님 지나갈 무렵이면 열무김치 해다 놓고 꼽치기 먹어 볼까나. 어머니! 이런 날 버선발로 찾아오셔서 '야야, 꽁보리밥은 이렇게 먹는 거다.'라며 넓은 양푼이에다 고추장을 넣고 척척 비벼주시면 아이처럼 손뼉 칠 텐데…….

빼꾸기 울음 길어진다. 보리밥보다도 더 절실한 꼽치기 한 그릇이 그리워지는 계절이다.

돌담길의 속삭임

기억의 창고에는 보물들이 많다. 장독에 배추와 무를 절여 놓으면 김치가 되어 새로운 발효음식으로 변한다. 아프고 생채기가 난 유년의 기억들 또한 세월에 절여지고 나면 아름다운 꽃으로 피어난다.

오후 2시에 서울에서 선배 영식의 결혼식이 있는 날이다. 이왕 올라온 김에 서울의 지인들을 만나볼 겸 되돌아오는 시간을 넉넉하게 저녁 7시로 잡았다. 마침 L친구와의 약속 장소가 덕수궁 옆 어느 식당으로 잡혔다.

덕수궁 앞. 37여 년 전에 밟았던 돌담길을 걸어가 본다. 바른쪽 시청사와 나란히 옛 모습을 보여주고 있다. 담 너머 가지를 길게 늘어뜨린 느티나무 밑에 섰다. 세월을 건너온 것은 이 가지뿐일까? 나도 많이 변한 것은 아닐까? 검은 머리가 석양에 물들어 어느새 은빛으로 반짝인다. 터덜거리는 발걸음 너머 보조개가 유난히 선명한 K의 얼굴이 떠오른다.

내가 서울을 밟은 첫 방문지가 이 덕수궁이다. 상병 때쯤으로 기억된다. 휴가를 나오면서 펜팔을 하던 K를 만나보고 싶었다. 대뜸 약속장소를 덕수궁으로 잡았다. 내가 서울에 대해 기억하는 장소라곤 남대문, 덕수궁 정도였다. 그렇다고 운치 없이 대로에 버티고 서 있는 남대문으로 정할 수는 없고 보면 여기가 제격이 아니었나 싶었다. 강원도 홍천에서 서울 마장동 정류장까지 가는 동안 가슴이 방망이질을 했다.

'어떻게 생겼을까?'

'영 아니면 어떡하지.'

'무슨 말을 해야 할까?'

뭉게구름처럼 일어나는 온갖 사념들…….

"덕수궁 가려면 어떻게 갑니까?"

초행 서울 길 아니랄까 봐 이 사람 저 사람 붙잡고 무던히도 물었던 것 같다. 서로 약속했던 대로 '소월시집'을 끼고 저만치 K가 서 있었다. 단번에 이제까지 나의 걱정이 기우였다는 것을 알았다. 이제는 내가 걱정이었다. 저렇게 예쁜 아가씨가 나를 어떻게 대할까? 둘이서 돌담길을 걸으며 무슨 말을 했는지 기억이 나지 않는다. 하늘이 반쯤 빙그르 돌아갔고, 속으로 만세를 수없이 외쳤던 생각밖에는.

조용히 눈을 감아본다. 보조개가 유난히 깊었던 K의 예쁜 얼굴과 하얀 미소가 꽃비가 되어 떨어진다.

'덕수궁 돌담길'이라는 유행가 때문일까. 많은 연인들이 연두색 우산을 쓰고 나란히 걸어간다. 꽃비를 받쳐 든 저 우산의 행렬. 그 속에 번져 나오는 웃음꽃이 봄바람에 한들거린다.

꽃은 짧고 화려하게 왔다가 쉬 지고 만다. 잎은 더디게 피어선 오래도록 무성한 것이 특징이다. 쉬 오면 쉬 가고, 더디 오면 더디게 가는 이 자연의 오묘함. 어디 그 뿐인가. 아름다움의 척도도 매 순간마다 다르다. 꽃은 생명의 전달이고, 푸른 잎은 삶의 끈질긴 붙듦이다. 꽃이 지고 나면 새로운 여정을 준비하기 위해 잎들이 피어난다. 하늘을 향해 발꿈치를 들어올리며 햇빛을 받아들인다. 나는 벌과 나비를 부르는 현란한 몸짓보다 푸르름으로 물들어가는 잎에서 더 아름다움을 느낀다. 진한 삶의 맥박이 뛰고 있기 때문이다.

황량한 나뭇가지에 푸른 안개가 걸리는 듯싶더니 이내 연두색 합창으로 울려 퍼진다. 짙푸르러 가는 신록을 향해 얼마나 많은 꿈을 그리며 가슴 콩닥거렸을까. 그 날의 따뜻한 느낌이 봄바람에 실려 오는 듯 그리움의 강가에 서성이고 있다. 해시계가 서쪽으로 기울수록 아름다움으로 채색되는 것들—사랑, 그리움, 그리고 눈물…….

얼마나 걸었을까. 출입을 통제하는 경찰 바리케이드 앞에 멈췄다. 모두들 이곳에서 발을 돌리는데 나는 이 호젓한 길을 계속 걷고 싶었다. 통사정이라도 해볼 양으로 "검문하는 겁니까?" 하고 나직하게 말을 건넸다. 의외로 “그대로 가셔도 됩니다.”고 하지 않는가. 아름드리 느티나무의 고색창연한 돌담길을 걸어갈 수 있다는 게 여간 기쁘지 않았다.

이러한 기분도 잠시뿐이었다. 왼쪽 미대사관저의 담장을 만나는 순간 부끄러운 생각이 들었다. 오른쪽 덕수궁 돌담은 시멘트를 덧씌운 현대식 담장인 반면, 미대사관저의 담은 마름모로 정갈하게 다듬은 돌담이 아닌가. 이끼 낀 미대사관저의 담장에 양손을 대어보았다. 우리 역사의 얼이 여기에 숨죽여 울고 있는 것 같았다. 양쪽이 극명하게 대비되는 오늘의 현실을 어떻게 설명하여야 할까. 옛것을 가꿀 줄 아는 이들의 문화를 우리가 애써 외면하고 있는 것은 아닌지 반성해볼 일이다. 덕수궁 담을 허물고 예전의 우리 조상들이 정갈스럽게 다듬은 돌담으로 복원할 수는 없을까. 시멘트 거죽을 벗기고 나면 우리의 참 모습이 보일 텐데…….

문득 족제비가 지나다니던 시골집 작은 돌담이 그리워진다. 돌담의 그 작은 틈새로 별이 들어오고, 달도 걸리고, 개구리 울음이 스며들고, 모깃불 연기가 꿈이 되어 피어오르고, 비 오는 날 먹구렁이 꼬리를 붙잡고 힘 싸움 하던 장면이며, 호박넝쿨이 말없이 주황색 꽃등을 달아주던, 가난하였지만 사람 사는 냄새가 진동하던 어린 시절 고향이 그리워진다. 덕수궁 돌담에 기대어 아름다운 추억과 어깨동무하며 나는 반쯤 입을 벌린 채 행복에 젖어볼 수 있었다.

비밀파일

비밀은 지켜지지 않을 것을 지켜보려고 붙여진 이름이다. 세상을 살다 보면 선의의 거짓말을 할 때가 왕왕 있다. 사람과의 관계는 뭐니 뭐니 해도 서로를 솔직히 터놓을 때가 좋은 법이다. 자기 자신을 터놓는다는 것은 마음의 공간을 그만큼 넓히는 것이 되고, 그 속에 상대의 마음을 받을 수 있음을 의미한다. 원시사회에서는 이런 방식대로 살았다. 있는 그대로 나타내고 부족한 것은 서로 주고받으며 새로운 변화의 조짐에 대해서는 머리를 맞대고 지혜를 짜내어 대응했다. 요즈음은 어떤가? 마음과 행동을 따로 분리해서 사는 것은 아닌지 모를 정도이다. 자신은 최대한 숨기고 상대는 무엇이든 알려고 하는 부자연스런 관계를 외나무다리 건너듯이 걷고 있는 것이다. 비밀이 많아져서 1급 비밀도 불안하여 특급비밀이라 하여 취급 범위를 몇 사람으로 국한하는 것도 있을 정도이다. 그러나 진정으로 숨기고 싶은 것들도 있다. 남을 다치지 않게 하는 비밀은 아름다운 추억을 만들기도 한다. 짝사랑만 해도 그렇다. 사랑을 표현하지 못해서 오는 가슴앓이도 있지만, 세월을 건너뛰고 보면 웃음과 함께 동심을 불러일으키지 않는가.

내게도 20년이 지났지만 파기되지 않은 비밀파일이 하나 있다. 그 당시 K고 행정실에 계장으로 근무할 때로 기억된다. 그해 겨울, 교장 선생님이 화장실과 몇몇 건물이 보기 흉하니 일류 기술자를 불러 도색을 하는 것이 어떻겠느냐 하는 말씀을 하였다. 일류 기술자를 강조하신 것은 전에 몇 번 페인트 공사를 맡겼으나 너무 부실했다는 뉘앙스로 받아들여졌다. 나는 번민煩悶에 빠졌다. 페인트 공사 기술면에서는 일찍이 아버님으로부터 전수傳受 받은 형님이 단연 으뜸이라고 생각해 왔다. 문제는 형이 페인트공이라고 펴놓고 말할 수 없는 어려움이 있었다. 직업에 귀천貴賤이 없다고들 하지만 불혹의 나이가 되도록 변변한 가게 하나 없이 말 그대로 '노가다'(막노동하는 사람을 통칭하여 부르는 속어)를 하고 있는 형 이야기를 끄집어내기가 창피해서였다. 그렇다고 한 달에 열흘 정도 일을 할까 말까 하는 어려운 살림을 잘 알면서 다른 사람에게 줄 수도 없는 노릇이었다. 막노동의 특성이 꾸준히 일거리가 있는 것이 아니고 불규칙적이어서 일이 없는 날에는 술로 달래기 일쑤였다. 이런 일이 연속되다 보니 자연 집안 형편도 어려워지고 인격적인 면에서도 조금씩 문제가 생기는 것 같았다. 이런 사정을 잘 아는 나로서는 이번 공사를 형에게 드리지 않을 수 없었다. 저녁에 형을 만나 공사기간 중에는 절대 술을 드시지 말 것까지는 좋았는데 다른 사람에게 형제티를 내지 말자는 부분에서는 가슴속에 진한 물기둥이 솟아오르는 것 같았다.

형제간에 서로 닮지 않았다고 생각해도 막상 함께 서 있으면 닮은 구석이 있기 마련이다. 공사가 시작되고 한 번도 공사 현장에 나가보지 않았다. 교장 선생님으로부터 "이번에 페인트칠 하는 사람은 정말 기술자더라."는 말씀을 들을 때는 나는 속으로 "그러면 그렇지." 하고 고개를 끄덕였다. 한번은 아침에 출근을 하는데 직원 L씨가 "내가 빵끼(페인트의 사투리) 한 통을 훔쳐갔더니 빵끼장이 아저씨가 어쩔 줄을 모르고 당황하더라."며 박장대소하지 않는가. 나는 따라서 웃긴 했지만 "페인트 한 통이면 돈이 얼만데 이 순진한 어른이 얼마나 당황했을까?" 하는 생각이 들었다.

그 날 저녁 형님 댁을 찾아가서 "페인트 잃어버렸다면서요?" 하면서 페인트 값 따로 쳐드릴 테니 걱정하지 말라고 하니까 그제야 얼굴이 펴지는 것이 아닌가. 동생 체면 깎일까 봐 조심해주는 형이 한편으로는 고맙기도 하고, 다른 한편으로는 그 시대에 막노동하는 사람들의 애환이 보이는 것 같아 마음이 무거웠다.

20년의 세월이 지난 지금까지도 L직원은 그 페인트 공이 나의 형인 줄 모르고 있으니 나의 보안관리 능력도 이쯤 되면 수준급이 아닐는지. 지금 생각하면 그분을 속인 게 너무 미안하다는 생각이 든다. L직원은 내가 부임하기 전까지는 학교에 오래 근무하는 직종인 데다 재치도 있고 해서 간단한 경리 일, 연탄이나 작은 공사 같은 것은 직접 처리했던 것 같았다. 특히 연탄 같은 분야는 계장이 개입해서는 안 되는데 여기까지 손을 대었으니 많이 섭섭했을 것 같다. 그 해 가을에 L직원은 연탄 구입 얘기를 꺼내었다. 연탄이란 말이 나오기가 무섭게 "아, 그것 내가 시킬 데가 있다."고 했을 때 얼굴에 스쳐 지나가는 L직원의 서운해 하던 표정이 아직도 생생하다. "너 혼자 다 해 먹어라."는 말을 애써 참고 있는 것이 역력했다. 형수가 연탄 배달 가게를 한다는 말을 차마 꺼내지 못한 나의 옹졸함 때문에 생긴 일이었다.

혹시 경주에 내려가면 늦었지만 이미 퇴직했을지도 모르는 L직원을 찾아 그 때 사정을 애기하면서 소주잔 한번 기울이고 싶다. 계장의 형인 줄 모르고 페인트 통 훔쳐갔던 일을 떠올리면서 함께 파안대소破顔大笑하고 싶다. 사실을 밝히고 나면 젊은 나이에 마음고생이 얼마나 컸을까 이해해 주시겠지. 인생은 뜬구름, 오색풍선에다 아름다운 추억담아 날리면 구름 따라 두둥실 흘러가려나.

3
횃대를 향한 날갯짓

횃대를 향한 날갯짓

TV원작동화 '김밥'을 보면서 눈가가 촉촉이 젖었다. 배경 속에 나의 어린 시절이 그대로 투영되었기 때문이다. 50년대만 하더라도 김밥은 소풍날이라야 먹을 수 있을 정도로 귀한 음식이었다. 김밥이 귀하게 대접 받는 이유 중의 하나가 아무래도 평소에 잘 먹어보지 못하는 노란 계란전과 달콤하고 아싹한 단무지가 들어갔기 때문이 아닐까 싶다.

나는 가정 형편이 어려워 소풍날이면 김밥 대신에 신문지에 김밥처럼 위장한 삶은 고구마 몇 개를 싸들고 가곤 했다. 그 덕에 즐거워야 할 소풍이 짐 실은 소달구지처럼 질질 끌려가는 기분이었다. 선생님이 "자 모두 여기에 모여 점심을 먹자" 하는 순간 매 만난 꿩병아리처럼 숨기에 바빴다. 머뭇대다가 대열에 낄 경우 삶은 고구마를 김밥 대신에 내놓아야 하는 창피를 당하기 싫어서였다. 혹여 누가 볼세라 마파람에 게 눈 감추듯 후다닥 고구마를 먹어치우고는 풀밭을 서성이었다. 아이들이 즐겁게 떠드는 소리를 멀리하고 바위에 비스듬히 누워 하늘을 쳐다보는 게 낙이면 낙이었다. 노송의 머리 위로 파랗게 물들어 있는 하늘, 이따금 지나가는 구름조각들……. 돌이켜보면 이때 주저앉지 않고 꿈을 그리는 사색의 시간을 가질 수 있었다는 게 나의 삶에 큰 도움이 되었다는 생각이 든다.

요즈음도 대형 마트에 들를 때면 모퉁이에 높이 쌓여 있는 계란 판을 마주하곤 한다. '이렇게 귀한 것을' 하고 손이 가다가는 이내 움츠리고 만다. 아내는 콜레스테롤 수치가 높은 나를 두고 어린 아이 타이르듯이 '절대불가'를 천명해 놓은 터라 십중팔구 핀잔을 받을 게 빤해서였다. '사보았자 밥상에 잘 올려주지 않을 걸' 하면서도 자꾸 고개가 돌려진다. 그도 그럴 것이 유년 시절 우리의 밥상의 우상은 이 계란프라이였기 때문이다. 점심시간이 되면 제일 먼저 눈길이 가는 곳이 선생님의 도시락이었다. 도시락 위에 노랗게 덮여 있는 계란프라이. 새까만 꽁보리밥에 비하면 그 색깔 하나만으로도 군침을 흘리게 하고도 남았다. 그 당시 시골 초등학교 학생들의 장래 희망 1순위가 단연 '선생님'인 것도 순전히 이 계란프라이 때문이었다고 하면 지나친 비약일까? 계란을 보면 절로 격세지감이 든다.

오늘은 아침 밥상에 외손자 준다고 '계란말이'가 올라왔다. 요즈음 기온이 37℃를 오르내리는 무더위로 두 돌도 안 되는 아기가 견디기에 버거운 것 같다. 밤잠도 설치고 입맛도 없어졌는가

보다. 계란말이를 입에 넣어주면서 동심에 빠져들고 말았다. 고향집 앞마당에 서 있는 감나무에 자지러지게 울어대는 매미소리가 이공을 두드린다. 대나무를 얼기설기 엮고 횃대를 가로질러 놓은 닭장이 시공을 뛰어넘어 다가온다. 아침에 빗장을 열어두면 횃대를 차고 일제히 뛰어내리는 닭들의 힘찬 발걸음. 그 힘을 이용해 발톱으로 흙을 긁어대는 닭들의 생명력에 용기를 얻곤 했다. 닭들은 모이를 먹을 때나 끼리끼리 모여 있을 때는 날갯짓을 하지 않는다. 닭의 날갯짓은 아침이 되어 2m 높이의 대나무 닭장을 뛰어내릴 때나, 해 질 무렵 제각기 둥지를 찾아 날아오를 때뿐이다. 나는 닭들의 날갯짓에서 거룩한 생존의 본능 같은 것을 느끼곤 했다. 날 수 있다는 것은 생존의 증거가 아니고 무엇이랴.

요즈음 닭들은 눈빛을 잃어가고 있다. 날갯짓을 할 수 없는 무력감에 젖어 날개를 접고 있는 것조차 힘들어 한다. 퇴화되어 가는 것에 대한 두려움. 알을 품지 못하는 암탉의 아픔이 줄지어 스쳐간다. 꼼짝달싹 못하게 가두어놓고 알만 가져가는 인간의 이기심을 어쩌나 싶다. 날지 못하는 닭의 날개처럼 사람도 퇴화되어 간다는 생각이 든다. 컴퓨터 시대. 책을 읽지 않아도 쉽게 정보를 검색할 수 있고, 종이에 글을 쓰지 않아도 원고지로 인쇄되어 나오는 문명을 만끽하고 있다. 구구단을 외우느라 수고할 필요가 있겠냐는 듯 전자계산기 하나로 해결한다. 손에는 스마트폰, 책상에는 컴퓨터. 인간의 두뇌도 닭의 날개처럼 퇴화되어 버릴까 두렵다. 인류의 종말은 불이 아니라 인간 스스로 닭장을 만들고 그 속에서 모이를 쪼아 먹는 '안이함'이라는 생각을 떨칠 수 없다.

지금도 늦지 않았다. 잠재되어 있는 자아를 끌어내는 공간을 만드는 일에 나서야 할 때다. 날아오를 수 있는 횃대를 만들자. 잠시 컴퓨터 모니터에서 눈을 떼고, 휴대폰에 가 있는 손가락을 책장으로 옮겨보면 어떨까? 예전에 서당의 학동들처럼 "천고天高에 일월명日月明이요." 하고 명심보감을 소리 내어 읽어 보면 어떨까? 원고지에 글도 써 보고, 채전 밭에서 김도 매고, 감자도 캐보는 자연동화 교육이 틀에 박힌 교육의 문제점을 해소할 수 있지 않을까 싶다. 더 늦기 전에 '횃대'를 향해 뛰어오르는 필사적인 날갯짓을 해야 할 것 같다. 물론 힘겨운 일일 수도 있다. 하지만 앞서가는 우리들이 해내어야 할 책무를 태만히 할 수 없지 않은가. 현대화를 외칠수록 '온고이지신溫故而知新'의 어휘가 가슴에 와 닿는 연유가 여기에 있다. 새로움은 역사 위에 세워질 때 그 가치가 빛을 발할 수 있는 법이다. 쉬 쌓아지는 것이 오래가지 못하듯 성실함을 깔지 않고는 힘찬 도약이 어렵다는 생각이 든다.

사람이 가장 멋있을 때가 자연을 벗 삼으며 사는 모습이 아닐까? 마음속에서나마 토담집 한 칸 지어놓고 얼기설기 닭장을 엮어 사랑채 옆 담벼락에 걸어두고 싶다. 그리고 닭장을 가로질러 횃대를 만들어 차오르고 뛰어내리는 닭의 붉은 날갯짓에 손뼉을 치고 싶다. 새벽을 알리는 닭의 외침에 옛날 아버지가 일어나신 것처럼 나도 어둑한 아침을 열고, 닭장의 빗장을 열어주고 싶어서다. 아침을 여는 사람이 있어야 동이 튼다는 것을…….

비님과 체육복

사무실 책상에 앉아 오른쪽을 바라보면 중리초등학교 운동장이 가슴을 벌리고 다가온다. 체육시간이 되면 알록달록한 물결의 파노라마가 연출된다. 가만히 창가에 귀를 기울이면 푸른 플라타너스 잎처럼 천진난만한 아이들의 웃음이 눈앞에 어른거린다. 이윽고 와룡산 산자락 너머로 뭉게구름이 점점이 떠내려가는가 하면 추억의 고운 비눗방울이 되어 되돌아온다. 저만치 운동장에 서있는 나의 학창 시절의 모습이 슬픈 미소로 번져온다.

옛날을 되돌아보면 참 아픈 사연도 많았던 것 같다. 그 중에서도 나를 가장 아프게 한 것은 중・고등학교 시절 체육시간이 아닌가 싶다. 그 때는 요즈음처럼 체육복이 넘쳐나는 시절이 아니었다. 무슨 영문인지 모르지만 체육복은 흰색 바지여야 했다. 그도 시장바닥에 헌타까리(경상도 지방에서 정품 기성복이 아니고 시장 바닥 같은 곳에 쌓아놓고 값싸게 파는 싸구려 옷의 총칭)로 나오는 것은 없고, 꼭 양복점에서 맞춰 입어야 가능했다. 검은 교복은 전국에 시골 학생이 많은 터라 헌타까리 옷이 많아 의무 방어는 되었지만, 이놈은 수요가 적어서인지 장날 같은 데 눈을 씻고 찾아도 코빼기도 보이지 않았다.

없는 형편에 울고불고 해서 간신히 중학교를 다니는 터에 체육복을 맞춰 입는다는 것은 어불성설이었다. 체육시간은 왜 그리 많은지 일주일에 서너 번은 운동장에 나가야 했다. 나는 체육 한 번 못 해보고 체육복을 입지 않은 죄로 야구방망이 같은 것으로 엉덩이를 맞거나, 운동장에 꿇어앉아야 하는 수모를 감수해야 했다. 학교가 파할 때면 면소재지 장터 한쪽에 자리 잡고 있는 양복집 앞을 서성거렸다. 흰 체육복이 몇 벌씩이나 걸려 있고, 견습공 한 명은 땀을 흘리며 그 하얀 체육복에 다림질이 한창이었다. '저 옷 한 벌 맞춰 입어 봤으면…….' 탄식이 나도 모르게 입가를 돌았다.

체육 선생님 입장에서야 운동장에 검은 교복바지를 입고 나온 놈이 얼마나 얄미웠을까? 이 체육복 하나 장만할 수 없는 처지를 알 수 없는 대처 분이시지 않은가. 단순히 체육 시간을 까먹고 준비를 게을리 한 것으로 볼 수밖에 없지 않았을까? 중학교 3년을 내리 운동장에 서 있어야 하는 것에 그치지 않고, 이런 풍경(?)을 고등학교에서도 반복해서 연출해야만 했다. 주위에서는 나의 딱한 사정을 알지 못했기 때문에 매우 주의력이 부족한 학생으로 평가 되지 않았나 싶다. 그러나 나는 기울어진 채로 천년을 서 있는 피사의 사탑처럼 뙤약볕 아래서 비스듬히 기울여져 서 있으면서도 쓰러지지 않았다. 환경의 잘못보다 나 자신을 사랑하는 마음이 불꽃처럼 피고 있었기 때문이었다. 체육 시간에 검은 교복 바지. 그러한 아픔을 찬란한 아픔으로 승화시킬 수 있었던 것이 자랑스럽게 여겨진다. 인생을 살다 보면 나와 나의 생각이 같지 않다는 것을 느끼곤 한다. 때로는 거울을 보면서 나에게 물어볼 때가 있다. "너는 누구냐?" 나의 눈빛의 대답은 아직도 부족함이 많다는 것 같다. 그런가 하면 칭찬을 할 때도 더러 있다. 어린 시절 나의 아픔을 부모님께 말씀드리지 않았다는 것은 그 중의 한 가지가 아닌가 싶다. 아이들을 키우고, 손자를 보면서 부모의 자식에 대한 애틋한 사랑을 경험했기 때문이다. 가슴이 커가는 것은 해와 달과 바람과 비, 거기에다 아픔이 이슬로 바뀌어가는 과정이 담아져야 가능한 일이지 않은가.

아마도 어린 시절 내내 나의 간절한 기도가 있었다면 체육 시간에 비가 와 주었으면 하는 바람이 아니었을까 싶다. 말이라서 그렇지 아이들이 보는 앞에서 검은 교복 바지 차림으로 운동장에 서 있다는 게 여간 수치스러운 일이 아니었다. 오죽했으면 수업시간표 '체육'에다 우산을 그려 놓았을까. 이 시절 나의 가장 즐거움은 체육 시간에 비가 올 때였다. 그 후로 나는 비를 비라 하지 않고 비님이라고 불렀다. 지금도 비님이 오실 때면 공연히 마음이 설레어 바깥을 기웃거리곤 한다.

세상이 바뀌어 소득이 20,000불이 넘어서면서 길거리나 사무실이나 온통 알록달록한 운동복차림으로 변해버렸다. 외국인들이 우리나라 사람을 보고 모두가 하이킹 전문가인가 하고 고개를 갸우뚱할 정도이다. 이를 놓칠 세라 세계적인 아웃도어 메이커들이 한국에 장사진을 치고 있으니 참 좋은 세상이 되었구나 싶다. 한편으로는 물질이 풍족하다고 해서 다 좋은 것은 아니라는 생각이 든다. 어려운 시절에는 다른 사람을 배려하는 마음이 몸에 붙어 다녔다. 비워야 차듯이 부족한 데서 더 큰 것을 채울 수 있는 공간이 생긴다는 생각에 변함이 없다.

그리운 흰색 체육복. 내 마음이 아직도 순정과 열정으로 붉게 타오르는 것도 그리움의 공간이 하얗게 비워져 있기 때문일는지…….

늦복

'복'은 '운'과 같이 쓰이는 용어인 것 같다. 흔히들 '운칠기삼運七技三'이라는 말을 하곤 하는데 자기가 지닌 능력보다 운이 더 많이 좌우한다는 뜻이기도 하다. 세상을 살다 보면 복이 있어야지 능력만으로는 안 된다는 것을 실감할 때가 많다. 정초가 되면 만나는 사람마다 복 많이 받으라는 인사를 건네는 것도 다 이런 연유가 아닐까 싶다. 복이란 찾아오는 것일까? 짓는 것일까? 받는 것일까? 사람들은 대체로 복을 많이 받기를 원하고 있는 것 같다. 자신의 노력과 성실, 창의력과 불꽃 튀는 열정이 있으면 성공할 법한데 그리 되지 않은 것이 인간사임에랴. 그러고 보면 복이란 인간이 어찌할 수 없는 영역인가 보다.

'나는 복을 많이 받은 사람이냐?'라는 자문에 선뜻 답이 떠오르지 않는다. 복잡한 삶을 다 들추어내기가 그리 쉬운 일이 아니기 때문이다. 나는 가끔씩 나 자신을 태양의 걸음걸이에 맞춰보곤 한다. 나의 좌표는 서산으로 기울어가는 황혼녘 쯤이 아닐까 생각한다. 이 무렵의 '복'을 늦복이라고 하는데 왠지 조심스러워진다. 나는 퇴직을 하고 대학에서 시간 강사를 하는 게 소원이었다. 내가 제대로 학업을 계속할 수 없었던 것에 대한 보상심리가 깔려 있었던 때문이 아닌가 싶다. 퇴직과 동시에 민간단체 상임부회장에다 겸임교수까지 얻었으니 복을 받은 게 분명하다.

나는 유달리 학교 관련 일화들이 많은 편이다. 집이 빈한하여 제대로 진학을 하지 못한 환경 때문인지도 모른다. 중학교 갈 형편이 안 되는 줄 뻔히 알면서도 중학교 시험을 치르고 합격은 했지만 나에게 주어진 것은 책가방이 아닌 어른 지게의 목발을 잘라낸 지게였다. 고등학교 진학 역시 나뭇짐을 내려놓고 학교에 달려가 무작정 원서를 낸 게 기회가 되었으니 갸륵할 뿐이다. 대학은 공무원이 되어 야간대학 진학으로 방향을 잡았으나, 이도 마음같이 되지 않았다.

나에게는 특별할 정도로 대학과 관련한 에피소드가 많다. 총무처(현재 안전행정부)에 9급 시험 원서를 낼 때만 해도 공무원이 되면 야간대학을 다닌다는 희망을 가졌다. 세상이 어디 맘대로 되는 것인가. 국가공무원이지만 시골로 발령이 나는 통에 꿈이 좌절되고 말았다. '78년도에 장가를 들기 위한 선을 보는 자리에서 장모 되실 분이 가난해서 대학을 못 갔다고 들었는데 결혼하면 대학을 보내주겠다는 제안을 했다. 나는 '남자가 등겨 석 섬만 있으면 처가살이 하지 말라'는 옛말을 믿고 일언지하에 거절해버렸다. 이것도 대학과의 인연이 질기다는 징표가 아니고 무엇이랴. 또 한 번은 '86년도쯤 한국소비자보호원이 발족하면서 6급은 과장, 7급은 대리라는 조건으로 발탁 제안이 들어왔다. 나는 신설기관의 과장이라는 데 호감이 가서 지체 없이 손을 들었다. 그도 복에 없었던지 '원장의 학사 학위 소지자' 지시로 탈락되고 말았다. 다행히 '88년에 방송통신대학교 학사자격증을 거머쥘 수 있었던 게 늦복의 동인이 될 줄이야.

'93년도쯤이었다. 모 재벌그룹 디자인 연구소에서 특강 제의가 있어서 강의를 하러 갔다가 난감한 일을 당하고 말았다. 선임연구원이 강사 소개를 하기 위해 학력을 물었고, 나는 스스럼없이 방송통신대학 졸업이라고 답했다. 이 말을 듣자 선임연구원의 얼굴이 홍당무처럼 빨갛게 물들며 어쩔 줄 몰라 하는 것이 아닌가. 소장이 달려와 가까스로 학력을 뺀 채 소개로 넘어갔지만 나에게는 큰 충격으로 남아 있다. 공직을 그만두면 대학에서 시간강사를 하는 게 소원이었는데 방통대 학사학위로는 어림 반푼어치도 없다는 현실에 부딪히고 말았다. 2000년 8월 계명대학교 산업기술대학원에서 공학석사 학위를 받은 게 인연이 되어 경북대학교 산업대학원에서 야간 강좌를 맡을 수 있었다. 게다가 공직을 마치고 2011년 9월부터 모교 환경대학에서 겸임교수를 맡을 수 있었으니 늦복이 터졌다고 할 만했다.

더욱이 9급으로 시작하여 2급 공무원까지 올랐으니 아무래도 복을 많이 받았다는 쪽이 맞을 것 같다. 나는 짓지도 않은 복이 굴러 온 것 같아 여간 조심스럽지 않다. 눈물이 쌓여 복이 되는 것일까? 땀이 묻혀 복이 오는 것일까? 복을 지어야 한다는데 무엇부터 해야 할까? 지금 해 온 것보다 더 사랑하고, 아끼고, 성실히 공부하며 살아야 한다는 가르침을 놓지 않아야겠다. 아무리 한들 절반도 못 갚을 삶의 이력서를 들여다보면 미안한 생각뿐이다. 얼마 남지 않은 작은 칸에 또박또박 남을 위한 사랑의 이력을 적어 넣고 싶다. 나의 작은 가슴에 도랑을 내고 늦복을 받쳐 든 채 그동안 찔끔찔끔 흘렸던 눈물 흐르게 하고 싶다. 점점이 흩어진 작은 별 돌아와 반짝일는지.

지렁이

출근길을 나서는데 보도블록 위에 지렁이가 기어가고 있었다. 저대로 두면 필경 수분이 말라 죽을 것이 뻔하다는 생각이 들었다. 화단에 떨어져 있는 낙엽 하나를 주워서 얼른 감싸고는 잔디밭 한가운데에 던져주었다. '이제 저 지렁이 살겠구나' 하며 즐거운 마음으로 걸음을 옮겼다. 이전까지만 해도 이런 현상에 대해 별다른 관심이 없었다. 비 온 다음 날 시멘트 바닥에 몸을 비틀며 말라 죽어가는 지렁이를 보면서 고개만 갸우뚱했을 뿐이다. '왜 하필이면 이곳에 올라와 죽음을 자초하는가?' 하는 잠깐의 의문과 함께 지나쳐버린 것은 내 잠재의식 속에 하찮은 동물로 자리 잡고 있었음이 아닐까.

지렁이는 생김새 때문에 어른, 아이 할 것 없이 외면하려고 한다. 뱀에 대한 우리 선조들의 놀람이 비슷하게 생긴 이 지렁이에까지 옮아져서일까. 지렁이는 몸이 마디로 이루어진 환형동물에 속한다. 한 몸에 암컷과 수컷의 생식기를 동시에 가지고 있는 자웅동체라서 번식력이 강하다. 지렁이 몸의 뒤쪽 1/3은 긴 장腸으로 되어 있어 이 소화관을 통해 음식물을 잘게 부수고 소화시키는 '자연의 장' 역할을 한다고 한다. 이 뿐이 아니다. 지렁이는 땅 속을 돌아다니며, 무수한 구멍을 뚫어 토양의 통기성을 높여준다. 이 통로를 통해 식물의 뿌리가 산소호흡을 하는 것을 돕게 하고, 흙이 수분을 붙잡아 두는 보습성도 높여준다. 지렁이의 장을 거친 똥은 작은 알갱이 형태이므로 흙을 부드럽게 해주는 것은 물론 비옥하게 만든다.

진화론의 창시자인 찰스 다윈은 '지렁이에 의한 유기토양의 생성'이라는 저서에서 '이 넓은 대지의 표토가 지렁이의 장을 거쳤다는 사실을 알면 경탄할 것이다'고 했을 정도이다. 그리스의 철학자 아리스토텔레스도 '지렁이는 대지의 창시자'라고 밝히지 않았던가. 후백제를 세운 견훤이 지렁이의 화신과 결합하여 탄생하였다고 하는 설화가 삼국유사에 실려 있는 것으로 보아 우리나라에도 땅의 중요성과 이 땅을 지탱하는 힘이 지렁이에서 나온다는 것을 간접적으로 뒷받침해주고 있다.

죽음에 처한 지렁이를 풀밭에 던져주면서 문득 고인이 된 학교선배 S형 생각이 떠오른다. 이 형은 공무원 생활을 하면서 지렁이의 분해 능력을 일찍이 깨달은 분이다. 서울에서 쏟아져 나오는 인분을 지렁이에게 먹여 이를 자연 분해하는 사업을 시작한 것이다. 남들은 머리가 돈 사람이라고 고개를 내저었지만 농촌 출신답게 끝까지 신념을 버리지 않고 이 일에만 매달려 왔다. 10년여의 끈질긴 투쟁 덕분에 서울시의 예산을 따내어 인분을 자연 분해하는 지렁이 농장을 운영할 수 있었다고 한다. 세상에서 가장 독한, 사람의 인분을 먹는 지렁이를 배양해 낸 것이다. 예전에 뼈가 탈나고 어혈이 들면 똥을 먹었던 것에 착안하여 이 지렁이를 이용해 의약품을 개발하였다고 좋아하던 S형의 유난히 밝은 웃음이 곁에 와 있다.

작은 화분에서 가지가 주렁주렁 달리고, 풋고추가 가지를 당겨 고개 숙이고 있는 모습을 보면서 흙의 신비에 감탄하곤 한다. 이 흙을 만들어내는 숨은 공로자인 지렁이의 고마움을 아는 이는 드물다. 현대를 사는 우리들은 땅의 중요성을 잊어가는 것 같다. 만물의 성장의 원동력이 '흙'인데도 점점 흙과는 거리가 멀어지는 삶을 살고 있기 때문이다. 지렁이는 이로운 흙을 만들어 간다. 자연생성의 어머니 역할을 하고 있는 것이다. 보이지 않는 곳에서 묵묵히 제 역할을 다하고 있는 지렁이에게서 적어도 고마운 마음은 가져야 할 것 같다. 땅이 있는 곳이면 어디서나 자신의 역할을 다하고 있는 지렁이. 세상의 어느 것과도 견줄 수 없는 값진 존재라고 여겨진다.

느릿느릿 흙을 부수며 기어가는 지렁이를 보며 무릇 살아있는 것들은 저마다 제 할 일이 있다는 생각이 든다. 고등동물과 하등동물, 풀, 나무, 공기 등 모든 것들이 한데 어울려 살아가도록 설계되어 있는 자연의 큰 품이 한없이 넓어 보인다. 남을 해함이 없이 죽어서도 단백질의 보고를 아낌없이 땅으로 돌려주는 지렁이. 소중함은 이렇듯 작은 것에서 비롯된다. 어느 TV드라마에서 며느리가 시어머니 뺨을 때린 장면이 방영되어 시끌벅적한 게 오늘의 세태이다. 남편을 군역에 보낸 후 끼니조차 어려운 살림을 꾸려가던 며느리가 지렁이를 삶아 눈 먼 시어머니를 봉양했다는 옛 얘기가 귀하게 들린다.

지렁이로부터 눈을 돌리는 것이 부끄러운 우리들의 마음가짐 때문이었으면 좋겠다. 흙으로 돌아가므로 모든 살아있는 것들은 존귀하고 아름답다.

자화상自畵像

빈센트 반 고흐의 '귀에 붕대를 한 자화상' 그림을 보고 충격을 받았다. 자신을 숨김없이 드러낼 수 있다는 게 여간 어려운 일이 아니기 때문이다. 귀가 잘리어나간 처참한 모습과 심경을 화폭에 담아낸 그 천재성에도 감탄할 뿐이다. 문득 거울 앞에 다가가서 나의 얼굴을 비춰보았다. 과연 나의 모습은 어떤 형상으로 나타나고 있을까? 나도 나 자신의 모습을 정확히 모르고 있으니 참 딱하다는 생각이 든다. 새삼스럽게 이모저모 살펴보아도 적나라하게 표출된 나의 모습을 찾기가 어렵기는 마찬가지이다. 얼굴에 살아온 모든 것이 담겨 있다고 하는데, 딱 집어 꺼낼 수 없으니 나의 삶도 참 답답했구나 싶다.

60평생을 살아온 궤적을 통해 반추해봄으로써 나를 그리는 작업을 시작해 볼까 한다. 자화상하면 슬픈 이미지가 연상된다. 삶을 함축적으로 표현하려면 가려진 아픔의 부분이 더 클 수밖에 없지 않았을까? 저명한 화가들이 고뇌에 찬 자화상에서 그 내면이 읽혀진다.

외형부터 나의 그림을 시작해 본다. 머리를 그리기도 전에 눈물부터 배어 나온다. "웬 머리바탕에 흉터뿐이고……." 나도 모르게 새어나오는 독백이다. 어느 회식 장소에서 후배 하나가 "선배님 원형탈모 왔습니까?" 하던 생각이 떠오른다. 나도 깜짝 놀라 "어디" 하다가 이내 웃음이 터져 나왔다. 아뿔싸, 처음 간 동네 이발사가 실수를 한 것이다. 어린 시절 정수리 부분에 헌디(흉터의 사투리) 난 곳을 모르고, 머리를 잘라버려서 이 부분이 노출되고 만 것이다.

'50년대 6·25전쟁 후 피폐된 경제 하에서 서민의 삶이 말이 아니었다. 비누가 없어서 머리를 제대로 감지 않아 머리에는 부스럼으로 꽉 찼고, 여기에다 돌에 맞아 아문 자리까지 보태어 성한 곳이 없었다. 어른이 되어 이발사가 조금만 신경을 놓아도 지난 흔적들이 드러나고 만다. 머리카락은 앞부분 조금을 제외하면 흰눈으로 덮였고, 머리숱마저 듬성듬성 천수답 모 심은 자리와 진배없었다. 젊은 시절 사진을 보면 머리숱이 빽빽했는데 30대 후반 야간근무에 통신대학과 사무관 승진시험이 겹치는 바람에 하루 한 줌씩 흩어지고 말았다. 한없이 벗겨진 이마에는 세월의 주름이 보석처럼 박혀 있다. 여름철 먹구름 사이로 언뜻 비치는 햇살처럼 어둠의 자국에서 가만히 밝혀오는 수많은 인고의 등불들. 나는 지금 이 머리와 이마를 사랑한다.

중국 당나라 때 관리를 뽑는 기준이 신언서판身言書判이었다. 그중에서 맨 선두자리가 '신' 즉 외모가 아니던가. 나는 갓난아기 때 큰 병으로 동네에서 혼자 살아남았다고 한다. 그 후유증으로 얼굴의 반은 흉터가 차지하고 있는 데다 왼쪽 눈썹 부위를 반이나 덮어 눈썹마저 없었다. 게다가 볼 부분에 간헐적으로 유성충돌로 인한 자국처럼 군데군데 패여 있어서 보기가 흉했다. 어린 시절 나의 가슴을 가장 아프게 했던 부분이 바로 이 흉터였다. 지금은 얼굴에 살이 붙은 데다 여유와 웃음이 많이 묻어나서인지 그렇게 혐오스런 모습이 아닌 게 여간 다행스러운지 모른다.

유년 시절의 나의 모습은 잘 먹지 못해 빼빼하게 마른 데다 햇볕에 그을려 마치 인디언 같았다. 게다가 군데군데 마른버짐이 원을 그렸고, 유일하게 눈만 반들반들했다고 한다. 보기가 흉하다 보니 늘 남의 놀림의 대상이 되었고, 사춘기에는 여학생 앞에 얼굴을 들지 못하는 아픔을 되새겨야 했다. 중 2때인가 이 놀림에서 벗어나고 싶었고, 나름대로 처방을 내리게 되었다. 누가 놀리기라도 하면 "야! 흠달이(과일의 일부가 썩거나, 벌레가 먹은 자리를 사투리로 부르는 말) 있는 사과가 더 맛있다." "패인 자국에 복 들었다."며 웃음 짓곤 했다. 그러나 때로는 혼자서 눈물을 흘리는 아픔을 멀리할 수는 없었다.

지나고 보니 아픔이라는 것은 과일을 익게 하는 볕살처럼 삶을 성숙시키는 아름다운 빛깔이라는 것을 알았다. 아픔에 주저

않으면 더 큰 아픔으로 돌아오고, 아픔에 꿈을 입히면 비 온 뒤 어느 산비탈에 그려지는 무지개가 된다. 극빈의 가정, 진학을 못하는 어려움 속에서도 나는 꿈을 붙들고 싶었다. 현상을 깨고 푸른 창공을 향해 비상하고픈 일념이 오늘의 나를 만들었는지 모른다. 기준이라는 틀보다는 이 틀을 넘는 가치가 더 아름답지 않을까? 흉터를 가려주는 마음의 모습이 여간 고마울 수가 없다. 아픔이라는 꿈의 빛깔을 칠할 수 있었기에 부이사관이 되어 광역시의 국장이 되었다는 생각이 든다. 나는 나의 흉터를 사랑한다. 눈물은 마음의 청소제이고, 새로운 길을 열어가게 하는 촉매제라는 생각이 든다. 흉터 자국에 고인 눈물로 내 마음의 그릇이 커졌다면 더없는 행복의 선물이 아니고 무엇이랴.

나는 아직 자화상을 그릴 때가 아니라는 데 고개가 끄덕여진다. 고뇌에 찬 모습도 아니고, 모든 걸 다 뛰어넘은 구도자도 아니다. 바람이 있다면 자연과 더불어 길을 가는 웃음 넉넉한 농부의 얼굴로 그려지길 바랄 뿐이다. 나의 스마트폰 바탕화면에 환한 웃음으로 다가오는 외손자의 얼굴을 반쯤 닮은 그런 얼굴의 자화상을 꿈꿀 뿐이다.

수필은 인생의 그림자

수필隨筆은 따를 수, 붓 필 자로 '붓이 가는 대로 따라 쓰는 글'이라고 표현할 수도 있다. 얼핏 생각해 보면 무기체인 붓이 주체이고 사람은 기계적으로 움직이는 객체에 불과한 것 같다. 붓이 절로 어찌 가겠는가? 붓은 겉으로 나타난 주체이고 이를 움직이는 내재된 또 다른 주체가 있음을 의미한다. 붓을 움직이는 것은 일반적인 사람이 아니고 경험과 사상에 대한 의미를 부여하고 이를 문학적으로 형상화시켜 나가는 사람이다.

사람마다 삶을 영위해 가면서 각각 다른 경험과 생각과 느낌과 사상을 가지기 마련이다. 삶의 과정에서 부딪히고 인식하고 반성하고 울고 웃고 노하고 슬퍼하고 괴로워하고……. 누구나 이 모든 현상에 대해 나름대로 표현을 할 수 있다. 표현한다고 하여 다 문학작품인 것은 아니다. 얼마만큼 독자의 감성을 우려

내어 자기화 하느냐에 달려있다. 문학 장르 중에서 수필은 작가의 벌거벗은 모습이다. 작가의 나체화이다. 인간의 고뇌와 아름다움이 함께 배어나온다. 그러기에 일어난 일들에 대한 단순한 나열을 두고 수필이라 하지 않는다. 이 표현 속에 작가가 살아있어야 한다. 인생관과 철학과 사상이 녹아나야 함은 물론이고, 독자와 일직선상에 놓여질 수 있는 감정의 가교가 놓여져야 하는 것이다. 모든 예술이 그렇듯이 문학과 수필 역시 독자의 감동을 통해 자라나고 발전해 간다.

수필은 삶을 따라다니는 그림자와도 같다. 어쩌면 삶 전체가 수필인지 모른다. 수필을 두고 '신변잡기'라고 표현하는 사람들을 볼 때면 안타까운 생각이 들곤 한다. 모든 문학작품들이 따지고 보면 우리 인간사의 주위를 맴돌지 않은 게 어디 있겠는가. 과학적 토양이 다 그렇다. 과거를 통해 현재를 보다 기름지게 하려하고, 미래를 조망하며 현재를 더욱 유익하게 만들어가는 노력을 기울이는 것임에랴. 우리가 따로 떼어 내어 보아서 그렇지, 과거나 현재나 미래나 하나의 공간 속에서 선후의 물림이 연이어 돌아가고 있는 것이 아니고 무엇이겠는가. 그렇다면 수필은 삶의 궤적과도 같은 것이다. 일정 거리를 두고 자기의 그림자를 그려나가는 것 자체이다.

수필을 꽃으로 보면 산과 들판에 지천으로 피고 지는 풀꽃과 같다. 잘 가꾸어진 화단 속의 꽃이 아니다. 크고 작음이 한데 어울려 있고, 향기 또한 제각각이다. 우리들 삶으로 치면 있고 없음이나, 높고 낮음, 잘나고 못남 같은, 겉으로 드러남에 연연하지 않는다. 어떻게 살든 그 생활 속에 아름다움을 찾아내고 여기에 나름대로 가치를 부여하는 작업이 아닌가 싶다.

수필은 연령의 적고 많음에 구애되지 않는다. 그 시대 그 자리에서 보는 세계관에다 문학적 향훈을 불어넣을 수 있으면 되는 것이다. 수필은 작가가 겪은 경험의 산물이기 때문에 때로는 슬픔의 강물이 흐르기도 하고, 고난의 언덕을 함께 올라가는가 하면 기쁨의 샘물을 가슴으로 길어 올리기도 한다. 그렇다고 단순한 기쁨이나, 슬픔, 고통 같은 것을 나열하는 것은 아니다. 이러한 것들을 고운 채로 걸러내어 사람과 사람 사이를 아름답게 연결해 주는 것이어야 한다.

수필은 무지개처럼 여러 가지 색깔로 나타난다. 사람마다 색깔이 다르기 때문이다. 줄무늬도 있고, 원색도 있고, 여러 색이 어우러져 있는 것도 있다. 겉으로 드러나는 것만큼 내면세계도 각양각색이다. 바다를 닮았다고나 할까. 바다 밑이 맑고 고우면 푸른빛이 되고, 심해로 나가면 검푸르기도 하다. 바람이 불지 않으면 모래톱 위에 가만히 등을 기대는가 하면 햇살 받아 갈매기가 원을 그리면 흰 드레스 자락 걷어 올리고 소녀처럼 왈츠를 추기도 한다. 태풍이라도 부는 날이면 모든 고요가 깨어지고 집채만 한 물기둥으로 가슴을 때린다. 수필은 이러한 변화를 가슴에 녹여 작품으로 승화시켜 나가는 것이다. 하늘의 구름이 양떼도 만들고, 새떼도 만들듯이 독자에게 마음의 바다를 보여주는 것이다.

수필은 교향곡과 같다. 수필을 읽노라면 울기도 하고 웃기도 한다. 마음의 속 뜰을 아무런 거침없이 내어 놓는다. 자연과 사람이 어우러져 꽃도 피우고, 낙엽도 지고, 넘어져 썩어가기도 한다. 때로는 태풍이 불기도 하고, 봄바람에 새순을 틔우는 연두색 꿈결로 다가오기도 하고, 꽃이 만발할 때면 숲 속의 요정들과 빙그르르 원을 그리며 춤을 추기도 한다.

수필은 광대무변하다. 가는 길도 많고, 굴곡도 만만치 않다. 다만 그 속에 진실한 인간의 모습이 형상화 되어 나타날 때 그 가치를 지닌다. 그 내면 속에 사랑이 녹아 있으면 영롱한 빛을 띤다. 하늘에 뜬 달 하나도 보는 이에 따라 다른 형상으로 비친다.

어린 시절 가을 풀벌레 울음이 가늘게 머물러 있을 때다. 장독대 옆에서 어머니가 손짓으로 부르지 않는가. "야야, 저 달 속에 계수나무 보이제?" 하면서 달을 가리켰다. 그리고 조용히 합장하고는 세 번 절을 올리신다. 달 속에 서 있는 나무. 어머니는 희망의 나무로 보았음에 틀림없다. 나는 하여튼 저 달 속에 현상을 뛰어넘는 그 무엇인가가 존재하는 것으로 믿고 있었다.

수필은 보이지 않는 것들을 형상화시켜 간다. 사람들은 한 면만 보는 경향이 많다. 벽 너머에 있는 현상은 알지 못한다. 알려고 하지 않는지도 모른다. 벽은 하나의 존재에 불과하다. 그 벽을 넘어뜨릴 수도 있고, 올라갈 수도 있고, 돌아갈 수도 있다. 눈앞에 보이는 것은 하나의 현상에 불과하다. 눈앞에 보이는 것에만 집착한 나머지 울고, 웃고, 괴로워하고, 원망하고, 삶을 포기하기까지 한다.

수필은 작은 머무름에서 큰 흐름으로 바뀌어가는 순환을 암시한다. 수필은 감정의 질곡을 밟고 가면서 그 흔적에 디딤돌 같은 것을 놓아두는 역할을 한다. 짧은 수필 한 편에서 고요를 느끼고, 눈물이 배어나고, 동이 트는 것처럼 마음의 문이 밝아오기도 한다. 세상살이에 어찌 어둠이 없으랴. 인생의 긴 여정은 짧은 마디의 연결과 같다. 어쩌면 연극에 있어서 1막, 2막과 같은 단막과 같다. 단막을 이으면 훌륭한 한 편의 연극이 되듯이 인생도 반전을 거듭하면서 매듭을 지어간다.

수필은 탄력적인 글이다. 강물처럼 한없이 넓은 영역을 가지고 있는가 하면, 시냇물처럼 좁은 공간에서 소리 내어 흐르기도 한다. 작으면 작은 대로, 크면 큰 대로 심상을 그려낸다. 가난한 이의 밥 한 그릇이 소재가 되기도 하고, '산은 산이고, 물은 물이다.'라는 스님의 말씀처럼 심오한 인생의 철학을 담아내기도 한다. 어떤 때는 산사의 뜰처럼 작지만 온갖 상념을 다 받아들이는 큰 공간이 될 때도 있다. 다른 문학 장르의 경우 작가가 파놓은 심선(心線)의 도랑으로 독자의 감정이 미끄러져 내려가는 것이 보통이지만, 수필은 여기에다 작가와의 보이지 않는 대화를 통해 한 단계 더 승화된 심상을 만들어낸다. 그렇기 때문에 달빛보다 더 고요하고, 태양보다 더 강렬할 때가 있다.

수필은 작가의 독백이고, 독자의 일기장이기도 하다. 숨겨놓았던 일기장을 다시 찾아보는 것과 같다. 나의 졸작을 읽은 독자의 말이 기억난다.

"혼자서 울다가 웃다가 즐거워하다가 두 주먹을 불끈 쥐기도 했다."

"하도 수필집이 많이 와서 한 편도 읽지 않다가 우연히 화장실에서 읽게 되었는데 밤을 새워가며 다 읽었다."

아무려믄 어쩌랴. 누군가 나의 수필 한 편으로 웃고 울 수 있다면 돌탑을 쌓듯이 정성들여 이 길을 걸어가야 하지 않을까.

부지깽이

초겨울 해거름이 질 무렵 강원도 정선 어느 산골 마을을 지날 때이다. 옛날 같으면 이엉으로 덮어놓았을 성싶은 작은 집들이 옹기종기 모여 소담스런 대화를 나누고 있는 게 아닌가. 마른 나무 가지에 향수鄕愁가 펄럭이고, 산비알에는 옥수수대공을 묶어 놓은 다발들이 한가롭다. 연기가 피어오르는 광경을 보았으면 하는 바람이 가슴에 인다. 연기가 나려나 싶어 한참을 바라보아도 어둠살만 천천히 마을을 감쌀 뿐이다. 연기가 피어오르지 않는 산골의 저녁은 왠지 쓸쓸해 보인다. 우리의 가슴은 초가집 굴뚝과 같은 것일까. 추억의 실마리를 더듬으면 이내 하얀 연기가 피어오른다. 마을을 덮고, 산도 덮고, 마음마저 덮으면서 그리움의 조각보를 이어간다.

우리의 가슴에 지워지지 않는 그림들 - 초가지붕, 늙은 감나무,

흰 연기와 수건을 쓴 등 굽은 어머니의 모습……. 세월이 지나도 지워지지 않는 물감으로 가슴을 칠해 온다. 천장에 검정이 주렁주렁 달려있는 부엌에서 아궁이에 장작불을 때는 소녀이 된다. 부지깽이로 재를 긁어주며 나무를 태워본다. 작은 바람길을 따라 타닥타닥 타들어가는 불빛이 너무 곱다. 부엌 바닥에다 부지깽이로 '행幸'자를 써본다. 어린 시절 어려운 벽들이 가로막을 때마다 이 '幸' 자를 수없이 써가며 행운을 빌었던 기억들이 아슴푸레 다가온다.

쇠죽을 쑤기 위해 아궁이 앞에 앉으면 가슴에 품은 이상들이 작은 불꽃으로 타오르곤 했다. 이 작은 공간을 꿈꾸듯 그려나갈 수 있었던 부지깽이. 아궁이를 뒤척이며 불길을 열어주고, 밀, 감자, 고구마, 콩, 밤 등등 계절마다 영글어 가는 것들을 구워 내주지 않았던가.

요즈음 부모들은 자나 깨나 '공부' '공부'지만 우리들의 유년 시절에는 꿈같은 얘기였다. 잘사는 몇몇 집을 빼고는 남자는 꼴머슴, 여자는 가정부로 보냈으면 하는 바람이 더 강했다. 학년이 바뀌면 국어, 산수, 사회, 자연 네 과목만 헌 책으로 사주시고는 "나머지 과목은 우에꺼다.('필요 없는 것이다'를 사투리로 표현한 말)" 하시던 아버님의 얼굴이 스쳐 지나간다. 어떤 때는 교과과정이 바뀌었는데도 헌 책을 그대로 써야 할 때는 창 너머 푸른 들판을 바라보며 답답함을 달래었다. 그보다 새 책을 사주시지 못하는 아버님의 가슴은 어떠했을까.

초등학교 내내 크레파스를 사지 못해 미술 시간이 되면 이마에 땀이 송골송골 솟아나곤 했다. 도화지 한 장만 달랑 준비하고 있다가 시간이 마쳐 갈 무렵에야 옆 친구의 크레파스를 빌려 엉성하게 칠해서 내어야 했기 때문이다. 비록 성적은 6년 내리 '가'였지만, 하늘색 하나만은 바르게 표현하지 않았나 싶다. 하늘이 어찌 푸른색일 수만 있을까. 반은 푸르고 반은 흰색의 하늘이 바로 우리들의 하늘이 아니던가.

초등학교 시절 '전과'와 '수련장'이 갖고 싶었다. 어떤 때는 '저것만 있으면 나도 일등 할 수 있을 텐데…….' 하는 철없는 생각에 잠기기도 했다. '교과서도 다 갖추지 못하는 주제에 무슨 참고서'하면서도 괜히 책상 옆에 다가가 전과와 수련장의 책장을 넘겨볼 때는 창밖의 키 큰 향나무 가지에 바람이 일었다.

시골의 아이들은 학교 공부는 뒷전이고, 집안 일이 우선이었다. 하교하기가 무섭게 꼴망태기를 울러 메고 쇠꼴을 베야 했고, 아침저녁으로 쇠죽을 쑤어야 했다. 유일한 휴식 공간이 쇠죽을 쑤기 위해 아궁이에 불을 지피는 시간이었다. 나는 이 시간을 활용하여 아궁이 앞바닥에 부지깽이로 영어 단어나, 수학 공식 같은 것을 쓰곤 했다. 아무리 써도 닳지 않는 노트, 막대기만 끊으면 무한정인 연필…….

지금은 우리들의 소득 수준이 높아 집집마다 자가용을 굴리는 시대이다. 40년 전만 해도 대부분 중학교 진학을 못 하였기 때문에 초등학교 졸업식 때면 울음바다가 되었다. 공부를 하고 싶어

하는 높은 향학열의 일면이기도 하고, 자신을 한 단계 높일 수 있는 기회의 상실에 대한 안타까움이 아니었나 싶다. 이런 수요를 놓칠세라 일간 신문의 광고란 한 부분은 검정고시 합격생을 많이 내었다는 '통신강의록' 선전으로 채워졌다. 이 강의록의 표지에는 어린 시절 노트가 없어 숯으로 공부한 미국의 링컨 대통령의 짧은 일화가 게재되었음은 물론이다.

나의 이 '부지깽이 공부'는 얼마나 많은 삶의 밑거름이 되었는지 모른다. 불가능한 일이 닥칠 때 포기하지 않고 해결을 시도했던 근성(根性)을 길러준 것도, 가난은 어려운 과제일 뿐이지 극복하려고 나서면 비껴 선다는 것도, 쉰이 다 되어 만학의 졸업장을 쥔 것도, 이렇게 오랫동안 공직에 정열을 불태울 수 있었던 것도, 학창 시절 내내 받아보지 못한 상장을 인사기록카드의 상장 난이 모자랄 정도로 받을 수 있었던 것도 그 근저에는 부지깽이가 있었다.

어떤 때는 아궁이 앞에서 꾸벅 졸다가 머리카락을 태우기도 하고, 기침을 콜록이며 써 내려갔던 꼬부랑글씨며, 수학 공식들이 세월의 다리를 건너고 보면 꿈 안개가 되어 피어오르곤 한다. 배불리 먹고, 좋은 환경에서 지낸 시절보다 어려움으로 눈물 흘리던 때가 더 그리운 것은 무엇 때문일까. 인류의 역사를 보면 '영화榮華'는 퇴보하고, '고난'은 진화의 원천이 되어 흐르고 있음을 알 수 있다. 극복을 통해 생성되는 유전인자, 우리는 아무래도 많이 아파하고 그리워하여야 하는가 보다.

부지깽이가 춤을 춘다. 세월을 넘고, 아픔의 강물을 가로질러 훨훨 날아가고 있는지 모른다. 때로는 아름다운 슬픔의 형상이 되기도 하고, 더러는 비비추꽃 같은 흰 웃음으로 피어나기도 한다. 정년퇴직을 하면 고향에 내려가 장작불을 때는 아궁이 하나 만들어 볼까나. 부지깽이 뒤척이다 잃어버린 옛 추억들 떠올려 질지.

시래기 예찬

나는 시래기를 참 좋아한다. 잠결인 데도 누가 '시래기'라는 소리를 하면 이 말이 귓바퀴를 채 구르기도 전에 벌떡 일어나 앉을 정도이다. 긴 시래기에다 강된장을 풀고, 굵은 멸치 한 줌 넣고 끓인 시래기찌개의 맛은 세상 어느 음식과도 견줄 수 없는 최고의 맛이다. 이 시래기를 밥숟갈 위에 척 걸쳐서 먹는 맛이란 열 먹다가 하나 죽어도 모를 정도라고나 할까? 가뜩이나 뭣이든 잘 먹는 식성에 시래기찌개가 나왔을 때의 내 모습을 생각하면 피식 웃음부터 새어나온다. 석 잠에서 깨어난 누에가 뽕잎을 먹는 소리보다 더 요란하다고나 할까? 이것도 타고난 복이라면 복이라고 할 만하다.

나는 옛 어른들의 말씀 중에서 '음식을 잘 먹어야 복이 들어온다.'는 말을 가장 철석같이 믿는 쪽이다. 정말 나는 식복 하나만은 타고난 게 분명하다. 내가 가는 곳에는 언제나 먹을 게 풍부했다. 나와 출장을 같이 가면 푸짐한 음식이 따라붙었고, 동행한 동료는 입이 바소쿠리보다 크게 벌어지곤 했다. 그렇다고 다 좋은 일만 있는 것도 아니다. 식구들과 외식을 하는 날에는 집에 오기가 바쁘게 "당신 걸신 들렸어요?" 하는 아내의 핀잔을 받기 일쑤였다. 어쩌다 불고기식당에서 시래기 반찬이 곁들여 나왔다 하면 고기는 뒷전이었다. 아예 처음부터 "아주머니 시래기 하나만 더 주이소." 하고는 이 접시부터 후다닥 해치운다. 시래기 두 접시를 비우고서야 고기에 젓가락을 내밀 정도이니 시쳇말로 '시래기 마니아'가 아닌가 싶다.

내가 이렇게 시래기를 좋아하게 된 데는 여러 가지 요인이 있지만, 뭐니 뭐니 해도 어머니의 깊은 사랑과 유년의 아릿한 추억이 된장처럼 풀어져 있기 때문이다. 사람들은 어린 시절 힘겹게 살 때 줄곧 먹은 음식에 대해 두 가지 형태가 있다고 한다. 첫째는 어른이 되어서 그런 음식을 거들떠보지도 않는 사람이 있는가 하면, 향수에 못 잊어 꿈에서도 먹는 꿈을 꾸는 사람도 있다. 어린 시절 시골의 아저씨뻘 되는 분은 어릴 때 콩나물을 하도 많이 먹어 어른이 되어서 콩나물을 입에도 대지 않는다고 했다. 나는 그 때 먹은 음식이라면 사족을 못 쓰는 걸 보면 후자 쪽임에는 틀림이 없는 것 같다.

어린 시절 집이 빈한하여 쌀밥을 그대로 먹지 못했다. 보리쌀이 있을 때는 꽁보리밥, 보리쌀이 없으면 시래기밥, 무밥, 도토리밥 등등의 혼합밥이었다. 이 중에서 시래기밥은 먹어도 먹어도 질리지 않고 맛이 있었다. 쌀 한 줌에 시래기를 듬뿍 넣고 가마솥에 끓인 밥은 환상적이었다. 솥뚜껑을 열면 진녹색 풀 향이 가슴으로 파고드는 것 같았다. 여기다 강된장 몇 술을 넣고 비벼먹으면 구수하고 오묘한 맛이 전신을 흔들었다. 금세 주린 배가 쑥 일어나는 포만감으로 얼굴에 웃음이 돌았다. 행복이 뭐 별 것 있는가. 옛 선비들도 나물 먹고 물 마시고 팔 베고 누울 수 있는 정도를 척도로 삼았으니 시래기밥 한 그릇이면 행복을 담고도 남았다.

사실 시래기는 간암 억제기능과 식이섬유, 칼슘, 철이 풍부할 뿐만 아니라 콜레스테롤을 떨어뜨리는 효과가 탁월한 건강식품이라 하니 여간 다행스럽지 않다. 가난한 시절에 구황식품으로 먹었던 것이 보약이 될 줄이야. 이런 것을 보면서 이 세상에 절대적인 것은 존재하지 않는다는 생각을 하곤 한다. 현재의 어려움을 너무 비관할 필요도 없으며, 참고 견디면 필시 다른 좋은 일이 생기기 마련이라는 생각이 든다. 굳이 피그말리온 효과를 말하지 않더라도 나의 경험칙 상 긍정적인 생각이 좋은 결과를 이어주는 매개체임은 확실하다.

인생 한 바퀴 돌고 한 해가 지났건만 누가 나더러 "무슨 음식을 좋아하십니까?" 하고 묻기 무섭게 "시래기"란 말이 자동답신기보다 빠르게 나올 정도다. 친한 사람을 만나면 '시래기 음식 잘 하는 집 아느냐?'는 말이 빠지지 않는다. 어떤 때는 팔공산 가까이 시래기 음식 잘 하는 집이 있다고 점심시간에 왕복 두 시간 거리를 멀다않고 달려간 적이 있다. 복무규정보다 더 성실히 근무하는 사람이 '시래기'에 흐트러지고 마는 걸 보면 사람은 제마다 한 가지 약점은 지니고 있는 게 아닌가 싶다.

결혼 초에 나와 집사람의 식성이 같지 않다는 걸 알면서 적잖은 고민이 생겼다. 나는 시래기, 미역, 무, 산나물 같은 걸 엄청나게 좋아하는 반면, 아내는 이쪽은 거리감이 있어 보였다. 한참 동안 해결책을 고민하다가 한 생각이 떠올랐다. 일본의 항복을 앞당긴 B29호의 융단폭격. 나는 무릎을 탁 쳤다. 무자비한 공급이 최선의 방법이라는 생각이 들었기 때문이다. 그 때부터 대형마트나 시장에 갈 때면 무부터 챙겨 놓고 그 다음 일을 볼 정도였다. 영덕 해변으로 바람을 쐬러 갔다 올 때면 미역을 한 단(스무 오리)이나 사서 차에 실었다. 그 뿐이 아니었다. 어쩌다 재래시장을 찾을 때면 나는 아이들이 소풍갈 때처럼 신이 나곤 했다. 차에서 내리기 무섭게 잔소리를 듣지 않으려고 일부러 아내와 다른 길을 선택하고는 길바닥에 펴져있는 푸성귀를 살피느라 정신이 없었다. 시래기나 산나물을 보는 대로 자루에 담아서는 추수할 때 농부처럼 어깨에 둘러맸다. 오죽했으면 산나물 파는 아주머니가 나를 장사꾼으로 알고 "아저씨, 나물장사 하는 기요?" 하고 물을 정도였을까? 나는 개선장군처럼 만면에 웃음을 머금고, 큰 걸음으로 걸어가곤 했다.

처음에는 큰 자루를 부엌에 내려놓으면 아내는 "이 많은 것을!" 하고 비명을 질렀다. "이것 다 몸에 좋은 것 아니가?" 하고는 가재 뒷걸음치듯 실실 밖으로 꽁무니를 빼곤 했다. 사실 참 많기는 많았다.

한번은 산나물 축제에서 취나물을 35만 원어치나 샀다. 차 뒷좌석과 트렁크가 꽉 찬 것까지는 좋았지만 이것을 말리는 것이 문제였다. 아파트에서 이 많은 산나물을 말린다는 게 여간한 일이 아니었다. 작은 솥에 몇 차례나 삶아야 했고, 앞 베란다와 거실, 큰방까지 삶은 나물 천지가 되었다. 나는 내심 '너무 심했구나.' 하는 생각이 들었고, 아내의 힘든 모습을 보고 미안한 마음이 들었다. "아이고 이놈의 병 언제 고칠꼬." 했지만 지금도 이 행진은 계속되고 있다.

세월이 약이라는 말이 있듯이 이제는 아내도 나의 병을 고칠 수 없다는 것을 안 것 같았다. 예전에는 웰빙 바람이 불지 않아 건강을 챙기지 않았지만 요즈음은 나의 행보가 각광을 받고 있다고 생각하니 선견지명이 있었던 것 아니냐 하는 생각이 들기도 한다.

돌이켜보면 시래기와 나는 큰 인연이 있었던 같다. 어린 시절 어머니는 시래기밥을 퍼 주실 때 부엌에서 얼마나 가슴 아파 했을까? 사랑은 시공을 넘어 나의 가슴에 강물처럼 흐르고, 그리움은 서산에 넘어가는 하늘빛처럼 곱게 물들어 온다. 쌀이 눈꽃처럼 흩어진 시래기밥. 이제는 나의 사랑의 매신저 역할까지 하고 있다. 이런저런 일로 부부싸움이 생겨 화해가 되지 않으면 나는 아침밥을 먹지 않고 출근해 버리곤 했다. 나의 결사전(?)의 표시였다. 그날 저녁이면 어김없이 식탁 위에 '시래기밥'이 올라와 있었다. 말없는 화해의 손짓. 나는 금세 입이 귀밑 반까지 올라가는 것을 애써 참아야 했다. 아낸들 어찌 속이 없겠는가마는 철없는 나의 자존심을 세워주는 그윽한 사랑의 강물이 깊기만 하다. 아무리 화가 나도 시래기밥 한 그릇이면 봄눈 녹듯이 미소를 띠우니 나이 헛먹은 게 아니고 무엇이랴. 아내의 고도의 화해의 기술인 '시래기밥'. 인생은 덧없이 흘러가는 것만은 아닐 성싶다.

화백和白, 그 아름다운 전통

요즈음 경주가 시끄럽다. 천년 서라벌을 지켜온 토함산을 사이에 두고, 동·서로 나뉘어 싸운다고 하니 무슨 변고인가? H사의 본사 이전 지를 두고 일어난 일이라고 하니 한심하다는 생각이 든다. 물론 이전 장소를 어디에 두느냐는 문제에 대해 끼어들 요량은 아니다. 언제부터 경주가 발전의 미명 아래 자신의 이해타산에만 매달려 왔는지 반성해야 될 것 같다. 이 회사의 본사가 오면 1,000명 가까운 인력에 가족까지 보태면 3,000명 정도의 정주인구가 생기니 상업자본가들의 입장에서는 법석을 피울 법도 하다. 그렇다고 경주 문화의 자긍심으로 살아가는 보통시민들까지 휩싸여서야 될 말인가.

경주가 어떤 곳인가? 삽을 들고 키 한 질만 파고 들어가면 유물이 나올 정도로 문화의 보고이다. 토함산의 정수에는 유네스

코에 등록된 석굴암이 있고, 산 아래에는 불국정토를 염원하는 조상들의 얼이 서린 불국사가 합장하고 있지 않은가. 어디 그 뿐인가. 첨성대를 비롯한 수많은 문화유적들이 역사의 향기를 전해오고 있는가 하면 우리나라를 처음으로 통일한 신라인의 빼어난 기상과 단결력이 천년을 넘어 우리의 혈관에 흘러오고 있다. 열악한 환경을 무릅쓰고 뱃길을 열어 중국과의 교류를 추진해 국력을 신장시켜 온 조상들의 지혜와 웅혼雄魂이 숨 쉬고 있는 성역이 아닌가.

천 년 전 우리 조상들의 지혜가 엿보이는 화백제도에 새삼 고개가 숙여진다. 중요한 결정을 할 때면 성지를 찾아 모두가 머리를 맞대고 숙의를 거듭하여 단 한 사람의 반대가 있어도 결정을 짓지 않았다고 하지 않는가. 그 때인들 부족이 나뉘어져 있는 터라 서로의 이익이 어찌 상충되지 않았을까마는, 양보와 설득을 통해 가장 국익에 유익한 방향으로 합의점을 도출해 내었다. 한 회사의 이전이 뭐 그리 대단하고 합의가 어려운 것인가? 눈앞에 보이는 작은 이익을 위해 헐뜯고, 소리쳐 대는 작금의 우리들의 모습이 너무 부끄럽다. 지금이라도 정신을 차리고 우리 모두 조상들께 부형청죄負荊請罪를 해야 할 것 같다.

화백(和白), 그 아름다운 전통이 살아 숨 쉬는 경주. 얼마나 자랑스럽고, 가슴 설레는 곳인가. 우리나라에서 가장 살기 좋은 곳이라 하여 산수의 유려함뿐이겠는가? 쓸수록 넘치는 인정이 있고, 서로의 의견을 존중하는 화합의 정신이 푹푹하게 깔려있기에 가능한 일이다.

경주의 리더들이여! 사소한 싸움은 이제 거둬들이자. 전력투구해도 모자랄 큰일—신라 왕궁과 황룡사의 복원, 토함산, 금오산, 선도산을 잇는 거대한 신라문화벨트의 조성 등—우리를 기다리고 있다. '경주문화도시특별법' 제정을 위해 시민 모두가 나서도 촌음이 아까운 판이다. 다음 천 년을 위해 우리가 해야 할 일은 세계적인 문화도시, 찬란한 우리의 경주를 다시 일으켜 세워야 하기에 더욱 그렇다.

소나무꽃

소나무는 퍽 외로운 나무가 아닌가 싶다. “소나무가 꽃이 피고 낙엽도 물드느냐?”는 질문을 하면 고개를 갸우뚱할 게 뻔하다. 소나무하면 계절의 변화에도 아랑곳하지 않으며 사시장철 하늘을 향해 푸른 깃발만 흔드는 것으로 알고 있다. 우리의 시각이 ‘푸르다’라는 일면에 머물러 있어 그 속에서 흐르는 푸른색의 변화를 보지 못해서가 아닐까. 소나무인들 꽃도 피고 열매도 맺고 낙엽도 떨어뜨리지 않겠는가.

소나무와 함께 연상되는 추억의 한 자락. 어린 시절 동네 어귀에 아름드리나무로 서 있는 낙락장송들이 떠오른다. 나의 유년이 묵어간 자리, ‘돌뫼’는 이름 그대로 돌산이다. 임진왜란이 끝나고 현감을 하시던 선조 육의당(아호)께서 낙향하여 척박한 이곳에다 마을을 열었다고 한다. 뒤로는 경주 남산의 끝 줄기가 치

술령에 맞닿은 마석산이 버티고 서 있고, 앞으로는 작은 개울이 남에서 북으로 비스듬히 원을 그리며 흐르고 있었다. 말 그대로 배산임수背山臨水의 터였다. 풍수지리를 모르는 어린 시절에는 '왜 이렇게 오지에다 동네를 만들었는지 모르겠다.'며 불만을 터뜨린 것도 사실이다. 그런 생각도 잠시, 마을 어귀에 낙락장송으로 서 있는 이 소나무들을 보노라면 청량한 솔바람에 가슴이 틔어진다. 비틀려 올라가는 소나무의 기상이 마치 황용이 솟구쳐 올라가는 것 같아 콩닥거리는 작은 가슴을 나무 등걸에 비벼보곤 했다. 앞이 보이지 않는 현실의 장벽 앞에서 그나마 용기를 얻을 수 있었던 곳도 이 나무 밑이다. 아마도 자손의 영원한 발전을 비는 할아버지의 염원이 오백 년을 지켜온 노송의 향기에 묻어났음이 아니었을까.

'60년대에는 철없는 형들이 이 낙락장송의 양쪽 소나무의 굵은 가지에다 그네를 매어놓고 추천鞦韆대회를 열기도 했다. 나는 그 때도 소나무의 안타까운 흔들림이 보였다. 이 소나무는 보통의 소나무가 아니다. 새 동네를 열면서 영원한 안식과 안녕을 비는 염원이 심어져 있었기 때문이다. 마을 어귀에 서 있는 500살이나 먹은 아름드리 소나무는 정말 동네를 지켜 온 수호신과 같았다. 6·25전쟁 때는 마지막 방어철조망이 우리 동네에서 1km 정도 떨어진 '쉬어말(지명의 이름)'에다 설치되었다고 하니 우연으로 볼 수만은 없을 것 같다. 좋은 염원은 세월을 먹지 않는 것일까. 우리는 이 소나무들을 두고 아직도 '모종나무(묘목)'라고 부른다. 아마도 기념식수를 하시면서 “이 나무는 마을을 영원토록 이어나갈 모종나무이다”고 한 것이 대대로 구전口傳되어 온 때문일 성싶다.

소나무와 우리 민족은 오랜 세월 동안 떼어내려야 떼어낼 수 없는 관계를 맺어 왔다. 금수강산 어디를 가도 푸른 솔 향이 가슴에 안기지 않는가. 어린 시절 나무를 때서 음식도 하고, 온돌을 덥히던 때에는 땔감으로 소나무가 주류를 이루었다. 가을이 되면 노랗게 떨어진 솔갈비(소나무의 낙엽을 사투리로 쓰는 말)를 긁기 시작하여 겨울 내내 소나무 가지를 솎은 것으로 단을 묶어 나무배까리를 쌓곤 했다. 소나무 쪽에서 보면 자신의 몸을 떼어내야 하는 아픔이 따랐겠지만. 소나무는 송진이 많아 화력이 세고 오래 타는 장점이 있어서 인기가 좋았다. 그 뿐이 아니다. 봄이 오고 어머니들이 산나물을 뜯으러 산에 오를 때면 아이들의 간식으로 곧은 햇순이 곧장 잘리곤 했다. 송기松肌를 벗기면 소나무의 수액이 뚝뚝 떨어진다. 하얗게 속살을 드러낸 자리에 아이들은 아이스케키(가늘고 긴 막대기에 얼음과자를 입혀 놓은 것 ; 50년대 여름철에 먹던 얼음과자)를 먹듯 입을 갖다 댄다. 송진이 묻은 양 볼에는 얼룩무늬 그림이 그려지고…….

소나무는 겨울에 자라지 않는다. 봄이 되면 잠을 자는 뿌리를 깨워 수액을 펌프질 해 올리고, 꽃을 달고, 키를 키운다. 보릿고개를 알리는 뻐꾸기가 울 때쯤이면 소나무 껍질을 벗겨 부드러운 살을 깎아내어 송기떡을 만들어 허기진 배를 채우곤 했다. 보릿고개는 높은 산을 등산할 때 가파른 '깔딱고개'를 넘을 때보다 더 어려웠다. 해는 길고, 땀이 많이 나는 무더위를 허기진 채 견디어내야 했다. 이때도 소나무는 자신을 버리고 아낌없이 모든 것을 내어 주었다. 우리가 끈질기게 삶을 살아온 것도 그 굵은 뿌리로 모래 산을 얽어매며 산을 지키고 선 소나무의 푸른 정신이 깃들어 있었음이 아닐까.

언젠가 삼국통일의 영웅 김유신 장군이 심신을 단련했다는 경주 단석산 산행을 마치고 내려올 때이다. 마침 석양이 질 무렵이어서 오솔길 소나무 가지에 황금빛 가을 햇살이 걸려 있었다. 소나무가 낙엽을 만들 수 있도록 배려함이다. 소나무의 낙엽은 매달려 있을 때보다 떨어져 있을 때 더 아름답다. 솔갈비는 낱개로는 아름다움을 연출하지 않는다. 무수히 떨어져 있을 때 비로소 미소가 번져 나오는 것이다. 소나무의 낙엽은 보고 줍는 것이 아니라 밟으면서 아름다움을 쌓아간다. 낙엽 밑에는 고마워하는 작은 생명체들이 무수히 움직이고 있다. 아름다운 이별보다는 자신을 버려 다른 생물들의 거름이 되는 이타심이 더 아름다워 보인다. 자신은 자신 나름대로 다음 성장을 위한 적당한 자양분을 뿌리 속에 비축하고, 그저 몸을 지탱해주는 광합성 작용을 하는 것으로 만족할 줄 아는 것이다.

소나무도 겨울이 오면 노란 단풍을 수줍게 내밀 줄 안다. 사계절 푸르르다는 독보적인 존재는 우리들이 그렇게 보았을 뿐이다. 드러나지 않으면서도 계절의 변화에 자신을 맞추려는 노력을 쉼 없이 하고 있는데도 말이다. 만약 소나무가 없다면 겨울산은 너무도 황량할 것이 아닌가. 외적 성장을 멈추고 자신을 되돌아보는 시간을 가진다는 것은 자신의 내면을 성숙하게 하는 또 하나의 성장이다. 소나무에서 진한 향기가 나는 것도 절로 생기는 현상이 아니다. 겨울의 고체를 녹여 봄의 물길을 열듯이 하얀 눈이 가지를 얼어붙게 할 때도 가슴에 푸른 하늘을 담으며 뜨거운 입김을 불었다.

사람도 향내 나는 이가 있다. 자신의 분수를 알고, 욕심을 버리고 다른 사람의 아픔을 살피면서 아름답게 살아가려는 노력이 향기로 피어나는 것이다.

이제는 고향마을 어귀의 낙락장송들도 양반을 자랑하기 위해 새 정자를 짓느라 뽑혀지고 잘려져서 몇 그루만 외롭게 서 있다. 게다가 고물고물 찾아와 심심찮게 놀아주던 아이들마저 모두 떠나고 없으니 얼마나 안타까울까. 어쩌다 동구 밖 어귀에 서면 가지 꺾인 모종나무가 한 손으로 손을 흔든다. 찡하게 가슴에 떨어지는 솔잎. '나는 덧없는 삶의 행적을 그리움의 음반 위에 떠올리고, 그대는 가지 끝 솔잎을 살며시 흔들며 흰 구름처럼 빙그레 눈물방울 숨기는구나.' 가고 옴이 원래 무상하건만 봄, 여름, 가을, 겨울 계절마다 질벅거리는 인생임을 어찌하랴.

나무 밑을 지나칠 때면 반가운 듯 등 굽혀 굽어보시는 속 깊은 인정의 냄새. 군데군데 바위가 고개를 내미는 소나무 동산에서 개미들과 어울려 놀던 때가 그립다. 비록 가진 것은 적지만 저

모종나무처럼 솔 향이 피어나는 삶을 살고 싶다. 낙락장송이 되지 않더라도 뒷산 돌 틈에 끼어 작지만 가지가 굵은 산지기 소나무가 되고 싶다. 그래도 바람이 있다면 봄이 오면 노란 꽃 피어 소나무에도 꽃이 핌을 알리고 싶다.

참 좋은 세상

‘기소불욕 물시어인己所不欲 勿施於人’ 논어를 읽다가 가슴에 대문짝만 하게 들어온 귀중한 글귀이다.

‘내가 원하지 않는 것을 남에게 시키지 말라’

언뜻 대하면 평범하고 쉬운 말인 것 같으면서도 그 속을 들여다보면 깊은 뜻이 담겨 있다. 사람들은 참 이기적인 것 같다. 사고의 중심에 항상 자신이라는 축을 두고 있기 때문이다. 시쳇말로 남녀 간의 이성적인 교제를 두고 ‘내가 하면 로맨스고 남이 하면 불륜’이라는 말도 여기서 비롯된 것이 아닐까.

21세기라 사는 것은 풍요하고 편리하지만 마음의 공간은 공해에 찌든 블랙홀처럼 ‘뻥’하게 뚫어져가는 것 같다. 세태가 어지러워지고, 삶의 경쟁이 치열해서 일까. 매스컴을 접하기가 두려워진다. 어제, 오늘 어린 여자아이에게 몹쓸짓을 하고 끝내는 꽃가

지마저 분질러버린 나쁜 인간의 이야기로 세상이 떠들썩하다. 그도 자기 아들과 함께 저질렀다니 어안이 벙벙할 뿐이다. 자기 자식에게 그렇게 할 수 있을 것인가? 인면수심人面獸心이 극에 달했다고 해도 이럴 수는 없는 일이다. 혼절하며 땅을 치는 부모의 통곡이 우리 모두의 울음인지 모른다. 함께 울고 같은 가슴으로 아파해야 한다. 그 부모의 심정으로 돌아가서 다시는 이런 일이 일어나지 않도록 방책을 세워야 될 것 같다. 어린 양들을 이리로부터 보호하기 위해 울타리를 세우듯이 튼튼한 사회의 안전망을 쳐야 할 때이다.

요즈음 세상의 프리즘에 나타나는 것은 날도깨비가 춤추는 형국이다. 정치 지도잡네 하는 사람들은 '교언영색巧言令色'으로 국민들을 속이기에 바쁘다. 그놈의 선거가 뭔지, 권력이 뭔지 사회를 점점 혼탁하게 만들어가는 주범이 되어 가고 있다. 이런 사고가 생겼는데도 책임을 지는 사람이 없다. 깊이 생각도 않고 요란하게 사고 방지책을 백화점식으로 늘어놓을 뿐이다. 국민의 시선을 다른 데로 돌려놓으면 일단 면죄부가 주어진다는 것을 잘 알고 있어서일까. 시간이 지나면 아픔을 잊어가는 자연의 법칙을 너무 쉽게 이용하는 것은 아닌지 겸허한 자성自省이 필요한 때이다.

돌이켜보면 자신이 하기 싫은 일을 남에게 전가하는 행실에서 비롯된 데서 크고 작은 아픔들이 생겨나는 것 같다. '기소불욕물시어인己所不欲勿施於人'이 실현되면 '인仁'이 이루어지는 '요순堯舜 시대'가 되어질까? 나 자신만 살펴봐도 고쳐야 할 것이 너무 많은 것 같다. 한동안 비워 둔 초가집 문을 여는 것처럼 곳곳이 손을 보아야 할 것 같다. 사소한 일이라고 둘러대지만 그 근저에는 잘못된 의식이 숨어 있는 것 같다. 마치 어두운 방에 햇살이 비치면 수많은 먼지들이 공간을 가득 메우듯이 우리네 살이 또한 삶의 등불을 비추고 보면 곳곳이 먼지투성이다.

세상에서 가장 어려운 것이 제 자신을 안다는 것이라고 한다. 해변에서 바라보는 바다는 푸르고 한가로워 보인다. 막상 배를 타고 한바다로 나가보면 무서울 정도로 물결이 시커멓게 요동치며 흐르고 있는 것을 볼 수 있다. 광대한 천지, 출렁이는 물결. 거칠 것이 무엇이며 두려울 것은 또 무엇이랴. 이런 순간에 서면 누구도 침범할 수 없는 거대한 힘의 존재에 자신의 왜소함을 느끼곤 한다. 불가佛家에서는 모든 것은 허상에 불과하다고 한다. 그러고 보면 지금 느끼는 위력이란 것도 단지 일순간의 외형에 지나지 않을 뿐이다. 노도처럼 밀려오던 파도도 뭍에 닿으면 바위나 산자락 한 귀퉁이에 스쳐 거품이 되어 사라지고 만다. 인생의 걸음도 파도 같지는 않을까. 나는 지금 산기슭에 닿은 파도와 같다는 생각이 든다. 다음 파도를 위해 거품처럼 사라져 가는 흰 그림자. 산기슭에 누우면 비로소 하늘이 보이고 갈매기가 보이고 저만치 밀려오는 파도가 보이고 그리움이 보인다.

이맘때쯤 되돌아보면 나는 누군가에게 건네준 것보다는 거머쥔 것이 더 많다는 생각이 들곤 한다. 나만을 위해 쫓아온 발자국들이 무겁기만 하다. 산 고개를 넘으려면 짐이 가벼워야 한다. 가벼워지는 것은 짐을 내려놓는 것만이 아니다. 나의 몸에 누더기처럼 켜켜이 쌓인 무게를 덜어내는 것이 우선인 듯싶다. 작은 것부터 남이 하기 싫은 일을 해볼까 한다. 언젠가 선천성 질병을 앓고 있는 사람들을 돌보고 있는 복지시설을 가 본 적이 있다. 30세 청년이어야 할 사람이 네살배기 아이처럼 누워있는 것을 보고 속울음을 쏟은 적이 있다. 대소변과 식사 수발을 들고 있는 보모들이 천사 같아 보인다. 웃음을 띠고 따뜻하게 대화를 나누는 얼굴에 여러 개의 아름다운 빛이 피어나는 것 같았다. 나보다 어려운 사람을 위해 헌신할 때 비로소 꽃이 되고, 종소리가 되고, 맑은 바람 실어 보내는 산울림이 된다.

남이 하기 싫은 일을 내가 할 수 있을 때 세상은 참으로 아름답고 밝아진다는 것을 배워보는 시간이다.

덤이 주는 즐거움

인생에서 '덤'은 중요한 의미를 가진다. 삶의 길이가 길어질수록 빈 공간도 따라 늘어나는 것 같다. 공간을 넘어서서 여백을 아름답게 채색하는 것은 덤이라는 여유가 아닐까 싶다. 덤은 줘서 즐겁고, 받아서 더 즐겁다. 이순耳順이라고 하지만 잘 들리지 않는 것은 삶의 공부가 부족하다는 증거가 아니고 무엇이랴. 자신을 성찰省察할수록 불거져 나오는 것은 어리석음뿐이다. 멀리서 강줄기를 바라볼 때마다 강물과 인생은 같다는 생각을 하곤 한다. 사시장철 변함이 없는 서양의 강물을 두고 인생을 견줄 수는 없다. 가득 차 흐르다가 이내 배를 드러내고, 깔깔거리며 웃다가 손을 반쯤 가린 채 잔잔한 미소를 머금는 우리네 강물이어야 삶의 가치를 이야기 할 수 있을 성싶다. 혈기 왕성한 시절에는 굽어 흐르는 강줄기가 느릿해 보이기도 했다. 둘러가는 것이 마치 큰 손해를 보기라도 하듯 발을 동동 구를 때가 한두 번이 아니었다. 인생이 어찌 시간으로만 가늠할 수 있으랴. 슬프고 즐겁고 괴롭고 편안하고 아쉽고 만족하고 사랑하고 미워하고 불행하고 행복하고 추하고 아름답고……, 무엇이든 단절이 아닌 연이음이란 것을 알기까지 시간이 퍽 걸렸다. 중요한 것은 모두 다 흘러간다는 것이다. 가버린 것을 주워 담을 수 있는 것은 추억이란 강물뿐이라는 생각이 든다. 이 강물을 더듬어 올라가노라면 터진 손등만큼 반짝이는 아픔들이 꼬리를 문다. 내 마음의 내면에다 살짝 물꼬를 열면 하늘의 별들을 죄다 쏟아 붓듯 그리움의 강물이 되어 흘러간다.

나는 이제 공직 40년을 마치고, 제2의 인생을 시작하고 있다. 경제 관련 단체의 임원이라는 3년의 '덤'을 얻은 셈이다. '취업난이다', '어쩌다' 하는데 그저 감사할 뿐이다. '덤'은 사람의 마음을 흐뭇하게 해 주는 효소와 같다고나 할까. 이따금 사람과 사람을 이어가는 마음 길에 따뜻한 온기溫氣를 흘려준다. 요즈음은 다들 세상이 각박해졌다고 한다. 우리 사회에 언젠가 덤이 사라져버린 것과 무관하지 않다는 생각이 든다. 산업화가 빨라지고 인터넷이 실시간으로 전 세계를 연결하는 시대가 되고 보니 '이것 아니면 저것'과 같은 이분법 구조로 변해가는 것 같다. 산술적 계산에 얽매이다 보면 마음의 공간이 줄어들기 마련이다. 들판을 달려야 호연지기가 생기듯 훈훈한 인심에서 창조적인 가슴을 만들 수 있지 않을까 하는 아쉬움이 남는다.

우리는 가끔씩 언론매체를 통해 방글라데시 같은 후진국이 행복지수가 높다는 보도를 접하곤 한다. 소득이 차지하는 면적보다 마음의 공간이 더 크고 두텁다는 것을 보여주는 증거이다. 소득 100불도 되지 않던 어린 시절이 그리운 것도 훈훈한 마음의 정이 고여 있어서다. 딱 부러진 계산보다는 조금은 느슨한 덤이 있는 풍경이 그립다. 모든 거래에 으레 '우수'(덤의 경상도 사투리)가 따라붙었다. 감을 한 접(100개) 사러 감 밭에 들르면 덤 10개는 자연스레 주어졌다. 그 사이에 너 덧 개 정도 집어먹는 것은 통상관례였다. 주인도 웃고 손님도 웃고 웃음꽃까지 덤으로 가슴에 담아갈 수 있었다. 어디 그 뿐인가. 어머니가 곡식을 내러 가실 때도 한 말 외에 바가지로 으레 다섯 홉은 실할 정도로 덤을 담으셨다. 장터에 가면 인심 좋은 시골 곡식을 서로 사려고 장사꾼들의 난투극(?)이 벌어지는 진풍경도 이 덤이 주는 미소가 아니고 무엇이랴. 시골 사람이 벽시계를 사러 갔다가 옆에 진열되어 있는 작은 손목시계를 덤으로 달라던 에피소드도 이제는 먼 옛날의 이야기로 되어버렸다.

덤은 사람의 마음을 비비며 소통의 작은 강물을 흐르게 한다. 건강한 사람들의 사람 사는 냄새를 맛보게 한다. 요즈음도 나이 든 사람들은 재래시장을 찾곤 한다. 조금은 남아있는 덤의 향수 때문인지도 모른다. 가격표에 따라 수동적으로 거래되는 것은 대화의 채널이 없을 수밖에 없다. 하나의 덤을 얹어 줌으로써 소통을 열어주는 미소가 생겨난다. 덤은 사랑으로 다가올 수 있도록 하는 매개체이고 배려이다. 어쩌면 찌들려 있는 삶에서나마 살아가는 의미를 찾는 활력소와 같다고나 할까. 요즈음은 시골 5일장을 찾아도 가을걷이가 끝난 들녘처럼 어딘가 비어있는 느낌이 들곤 한다. 세상이 뭐 그리 바뀌었다고 덤이 오가는 사람 살아가는 냄새마저 그리워해야 할까? 욕심 한 자락 내려놓으면 저만치 달아나버린 덤이 돌아올 것만도 같은데…….

덤을 놓고 흥정하는 훈기 나는 삶이 그리워진다. 마음 한 자락 더 얹으면 즐거움은 골안개처럼 피어난다. 하나의 덤이 더 많은 덤을 만들어갈 때 우리는 진정 아름다운 시대를 열어갈 수 있다. 덤은 보다 더 많은 덤을 창출하기 위한 사랑이고 아름다움이기 때문이다.

'진인사대천명盡人事待天命'이라는 화두를 틀어 본다. 작은 즐거움을 덤으로 연이어 가는 승수효과가 나타나리라는 생각으로 또 다른 덤으로 늘려가는 마음 공간의 확장이 즐거움의 파노라마가 되었으면 좋겠다. 푸른 물결이 일면 내 마음 솔처럼 하늘을 걷고 싶다.

4
콩나물과 어머니

사랑의 그림자, 그 영원한 빛깔

경주에는 천 년을 드리우는 사랑의 그림자가 있다.

석가탑이 비치는 '영지影池'에 어려 있는 애틋한 사랑이야기가 있어서다. 석가탑을 찾는 사람들은 탑이 비치는 연못이 으레 인근에 있는 것으로 생각하곤 한다. 사실 '그림자 못'은 이 탑에서 서쪽으로 3㎞정도 떨어진 곳에 있고, 천 년의 세월이 흘러도 그대로 남아 석가탑 그림자가 비치기를 기다리고 있다.

영지影池는 동으로 환하게 시야를 틔워 놓고 서・남・북으로는 낮은 산자락이 둘레하고 있다. 연못이라고 하기에는 너무 크지 않을까 싶을 정도로 못 둑의 길이가 족히 1㎞는 될 것 같다. 냇물이 흘러 들어오는 곳도 없고, 큰 산이 있는 것도 아니다. 사방을 둘러보아도 수원이 될 만한 것은 찾아볼 수 없지만 천 년을 지나도 사철 마르지 않고 푸른 물결이 넘실대고 있으니 이 또한 무슨 조화일까?

"날이 맑은 날 '영지 못'을 들여다보면 석가탑이 보인다."는 어른들의 말씀을 믿고, 어린 시절 무던히도 그림자를 찾으려고 애쓰곤 했다. 때마침 지나가는 구름을 나무라기도 하고, 나의 눈이 나쁜 것은 아닐까 하고 비벼보기도 했다. 나의 마음이 지극하지 못해서일 거야, 하고 발걸음을 되돌리곤 했지만, 언젠가는 석가탑을 볼 수 있다는 희망을 놓지는 않았다.

불국사에 들르면 영지가 가슴 가까이 다가선다. 문득 사랑의 아름다운 빛깔에 물들어보고 싶어진다. 로미오와 줄리엣은 알면서도 아사달과 아사녀를 모르는 오늘의 현실을 탓해서 무엇하랴. 1,200여 년 전 불국사의 탑을 쌓기 위해 백제의 사비성에서 모셔온 아사달. 3년이 다 되어 가도록 돌아오지 않는 임을 찾아 사비성(공주)에서 서라벌까지 800리 되는 먼 거리를 걸어온 아사녀의 사랑이 은빛 물결로 출렁인다.

아사녀는 비바람이 부나, 눈이 오나 매일같이 아사달을 만나게 해달라고 하였으니 오죽했으면 불국사를 지키는 관원이 "저쪽 연못에 가서 바라보면 아사달이 보일 것이다."고 하였을까? 불국사의 작업구역에서 2㎞ 내에는 잡인의 출입을 금지하였던 터라 아사녀가 할 수 있는 방법은 탑을 만드는 아사달이 물에 비치기를 바라는 것뿐이었다. 하루에도 몇 번씩 애타게 아사달을 부르며 연못을 바라보았지만 좀처럼 탑이 비치지 않았다. 아사녀는 기도하는 정성이 모자란 탓이라 생각하고 더욱 더 아사달을 보게 해달라고 기도했다. 어느 날 기진맥진해서 연못을 바라보니 탑을 쪼는 아사달이 보였다. 정신없이 아사달을 잡으려고 연못에 뛰어들었고, 아사달을 안은 채 돌아오지 않는 물 속의 탑이 되고 말았다. 탑을 완성하고 아사녀를 찾아온 아사달은 이 소문을 듣고 영지에다 몸을 던졌다. 지금도 달 푸른 날 연못에 귀를 대면 아사달을 부르는 아사녀의 목소리가 들린다고 한다.

연인이여! 제대로 된 사랑 한 번 하려거든 영지를 거닐어 보라. 비록 짓다 만 회색빛 모텔이 있더라도 지나쳐버리고, 짙푸른 사랑의 물결에 흠뻑 마음을 담아보자. 깊은 사랑의 눈동자에 석가탑의 그림자 비칠는지. 천 년이 넘도록 마르지 않는 그림자 못의 기다림. 사랑의 그림자, 그 영원한 빛깔이 되어.

손길

우리가 걸어가는 다양한 길들—산속으로 작으나마하게 나 있는 오솔길, 삶의 풍요로움이 출렁이는 들길, 띄엄띄엄 촌락을 잇는 꼬부랑길, 서민들의 삶의 질곡이 묻어나는 골목길……. 다양한 형태의 길과 접하면서 살고 있다. 그런가 하면 외형보다도 마음을 연결해주는 손길도 있다. 이 내면의 길을 곱게 물들이고 넓혀나가는 것은 곧 삶을 아름답고 푸지게 가꾸는 일이기도 하다.

같은 내면의 길이면서도 눈길은 보내는 이에 따라 매섭기도 하고, 우울하기도 하고, 슬프기도 하고, 기쁘기도 하고, 예쁘기도 하지만 손길은 항상 부드럽고 아름다우며 거듭될수록 사랑이 속속 묻어난다. 손길은 '손바닥을 펴 내민 손', '돌보아 주거나 도와주는 일', '손의 움직임'이라는 사전적 정의보다는 먼저 어머니의 얼굴이 연상될 정도로 질박한 감성이 묻어 있다. 손길에는 따뜻함이 스며있고, 사랑의 냄새가 풋풋하게 배어 나온다. 손길은 내밀기도 하고, 가만히 다가오기도 한다. 우정의 손길은 배려함이 묻어 있고, 도움의 손길에는 사랑하는 마음이 깃들어 있다. 마음이 아픈 이의 어깨에 얹은 손길에는 애틋함이 흐르고, 가슴에 안겨 잠들어 있는 사람의 어깨를 두드리는 손길에는 행복의 전류가 흐른다. 우리는 어쩌면 손길을 기다리고, 손길을 주며 살아가고 있는지 모른다. 손길은 꼭 손이 있어서가 아니다. 마음이 가면 모두가 손길이 된다.

손이 없는 소들은 혀가 곧 손이다. 송아지의 등을 핥는 어미소의 혀는 손길이다. 쉴 사이 없이 이 구석 저 구석 지극정성으로 돌보는 어미의 눈길은 행복이 담겨 있는 또 하나의 손길이 아니고 무엇이랴. 아이들의 머리를 쓰다듬는 어머니의 손길에서 행복의 빛깔을 빚어낸다. 미래의 시작은 이렇게 손길로 비롯된다. 다음 세대를 위해 세포의 핵을 형성해가는 물질은 손길로 물들인 사랑일 성싶다.

모처럼 아이들의 외가에서 친척들이 모이기로 했다. 대문 밖에 줄지어 서 있는 향나무, 무화과, 대추나무, 후박나무, 두릅나무 들이 반갑게 인사를 한다. 또 한 켠에는 장작을 패어놓은 무더기가 가지런히 세월의 먼지를 털고 있다. 손길이 닿으면 마음도 따라 쌓이는 법. 손길이 닿는 곳에는 보이지 않는 생명의 물질이 함께 묻어남일까. 모두가 반가운 눈치이다. 작고하신 장인어른이 금방이라도 삽짝을 열고 나오실 것 같다.

화장실에 들렀다. 재래식 화장실이라 때맞추어 엉덩이를 올려야 한다. '하나, 둘', '하나, 둘', 옛날 실력을 발휘하는데 헛간 귀퉁이에 똥장군(똥통의 사투리)과 지게가 비스듬히 서서 웃음을 보내고 있지 않은가. "여보게 친구, 이것 한번 져보지 그래" 하는 눈빛이다. 오랜만에 똥지게 지던 옛 시절로 돌아가 본다. 예전에는 비료 생산이 되지 않아 인분人糞이나, 개똥이 식물의 생장에 필요한 질소비료로 쓰이곤 했다. 식물의 성장을 돕는 요소비료의 절대적인 위치가 인분이고 보면 똥지게는 농가의 필수품이었다. 똥지게를 진다는 게 여간 어려운 작업이 아니었다. 자칫하면 넘치기 마련이고, 옷에 묻어 냄새가 진동하기 때문이다. 어린 시절 똥지게를 지고 보리밭에 인분을 주러 갔다가 양 소매에 누런 떡갈잎이 더덕더덕 붙고 말았다. 핑 도는 내 눈물은 아랑곳 않고 겨울 보리밭이 금세 생기가 도는 게 아닌가. 악조건을 이기며 살아가는 보리를 보며 '그래 보리처럼 살자.'는 다짐이 청년기의 획을 바꾸었는지 모른다.

가만히 다가가 본다. 짚으로 가지런히 땋아놓은 멜빵이며, 정성들여 깎아 만든 지게에도 세월의 때가 소복이 묻어 있다. 손길이 멈춰서인지 온통 쓸쓸함 뿐이다. 멜빵의 먼지를 툭툭 털어본다. 이 자그마한 손길에도 반가워하는 것 같다. 비록 거친 손이지만 이곳저곳 많은 손길을 보내야 할 것 같다. 사랑을 담은 손길을 많이 건네면 윤기가 나는 법. 아름다운 마음이 쌓여 복을 짓듯이 많은 사람들이 많은 손길을 보내면 사회가 밝아지지 않을까. "가족끼리는 윤기가 나야 한다."는 어린 시절 아버지의 말씀이 떠오른다. 나는 그 때 이 '윤기潤氣'의 의미가 무엇인지 몰랐다. 사랑이 오가는 손길에서 나오는 아름다운 빛깔을 어린 나이에 어떻게 알 수 있었으랴.

사회가 다원화되고 계층 간의 갈등이 심화될수록 소외계층 또한 늘어나기 마련이다. 서로를 존중하며 더불어 살아가기 위해서는 약자에 대한 손길이 필요하다. 요즈음은 사는 것이 어려워서인지 장애자시설이나, 아동, 노인복지시설에 대한 따뜻한 손길이 턱없이 부족하다고 한다. 연말연시 매스컴에 이름 석 자를 올리기 위한 도움을 좀 더 진솔한 사랑으로 바꿀 수는 없을까. 약자를 위한 배려가 사회 전반에 퍼져갔으면 싶다.

손길이 간 곳에는 흔적이 밴다. 물방울이 떨어져 바위가 닳듯이 손길이 오가면 바위가 부처님이 된다. 지난주말 경주 금오산金鰲山에 오르다 산 정상 무렵에 있는 마애불상 앞에서 기도를 올린 기억이 난다. 그 때 두 손을 연꽃 좌대에 얹어 놓고 눈을 감아보았다. 어느 노승의 목탁 소리가 들려오고, 불국토를 바라는 염원으로 수만 번의 손길로 정을 쪼았을 이름 모를 석공의 구슬땀이 가슴을 타고 들어왔다. 이윽고 마애불상을 받치고 있는 연꽃잎이 아름다운 선율을 타고 춤춘다. 저 멀리 줄지어 흘러가는 산의 행렬을 바라보며 천 년이 지나도록 깊은 생각에 잠기신 부처님. 중생 제도의 손길을 뻗어주시는 자비심에 우주의 흐름이 가고 머문 듯 향긋한 바람결 금오산을 감싼다. 사랑하는 마음으로 손길을 주고, 마음을 주고, 미소 머금으라고.

갈 '지之'자 걸음

흔히들 술이 많이 취한 사람을 '갈 지자'로 걷는다고 한다. 술에 취해 몸을 가누지 못해서 걷는 모습임에는 틀림없지만 그렇다고 술을 많이 마셔서 그런 것도 아니다. 자신의 처지에 따라, 습식에 따라 갈지자가 만들어질 뿐이다. 오늘처럼 봄이 오는 소리가 들리는 날이면 아버지의 갈지자걸음이 아련하게 다가온다. '60년대 후반이었을까? 누이 결혼식을 앞두고 소를 팔아야만 했다. 면소재지의 '입실장'이 열리는 날이다. 소를 판 큰돈을 지키기 위해 아버지를 따라나섰다. 중2짜리가 무슨 힘이 있다고 나섰을까? 단순한 소 한 마리가 아니고 우리 가족의 생명줄이었기 때문이었다.

소 장터에 고삐를 매어놓기가 바쁘게 거간꾼이 나타났다. 아버지와 수인사하는 과정에서 친척 아저씨뻘이구나 하는 생각이 들었다. 거간꾼은 소 엉덩짝을 탁 때리더니 "두 장 반"이라고 했다. 아버지는 '그래도 28만 원은 줘야 하지 않느냐?'고 애원하다시피 했지만 더 이상 흥정은 이루어지지 않았다. 해는 저물고 할 수 없이 다시 소를 몰고 집으로 돌아와야 했다. 아침 일찍 시장에 왔지만 점심을 먹지 않고, 진종일 소 옆에 서 있어서 뱃가죽이 허리에 붙었다. 아버지는 빈 속에 대폿잔만 비운 탓에 장터부터 갈지자걸음이었다. 나는 배고픔보다 아버지의 갈지자걸음에 더 가슴이 졸였다. 소도 배고픈 것은 마찬가지였다. 허우적거리는 소, 허기진 배로 고삐를 쥔 채 따라가는 소년, 비틀거리는 아버지, 달빛만 물끄러미 바라볼 뿐이었다.

이튿날 '불국장'에 다시 소를 몰고 갔다. 오늘 팔지 못하면 결혼비용을 장만하지 못하는 마지노선이었다. 아니나 다를까? 이날도 어제의 거간꾼이 다가왔다. "형님 어제 팔지 오늘은 23만원 밖에 안 됩니더." 하지 않는가. 하루만에 2만 원, 너무나 큰돈이었다. 나중에 안 일이지만 이 세계도 누가 찜하면 다른 거간꾼은 오지 않는 불문율이 있었다. 23만 원을 들고 아버지는 전쟁터의 패잔병처럼 어깨를 떨어뜨리고 땅만 쳐다보았다. 소는 고삐를 넘겨주었지만 점심을 막걸리로 때운 아버지는 전날보다 더 휘청거리며 갈지자걸음을 옮겼다. 나는 돈을 받아 호주머니에 단단히 넣고, 아버지와 말없이 터벅터벅 모랫길을 걸어갔다. '아는 놈이 도둑'이라는 말이 있듯이 혼사 날짜를 아는 이 친척 거간꾼은 가난한 아버지의 가슴을 더 아프게 했다.

'소 이까리(고삐의 경상도 사투리)를 놓으면 안 된다'는 말이 있을 정도로 소는 농촌에 있어서 전 재산과 같았다. 자식 결혼 비용 때문에 소 이까리를 놓으신 아버지는 그 후로 더 비틀거리며 살아가시는 것 같았다. 날이 갈수록 쌓아지는 장리 빚이며, 곤궁한 삶 때문에 장날이면 으레 갈지자걸음으로 사립짝을 여시던 아버지의 모습이 지금도 눈에 선하다. 20리 길을 휘청거리며 걸어오셨을 텐데 소금에 절인 손가락만 한 갈치 몇 마리를 용케도 놓지 않으셨다. 갈지자걸음에는 노랫가락이 따라붙기 마련인데 한 번도 아버지의 노래를 들어본 적이 없었다. 식구 끼니조차 해결 못하는 아버지의 마음이 얼마나 아팠으면 가슴이 메마른 강이 되었을까? 50년을 함께 살아도 그 어떤 노래도, 어깨춤도 보지 못했다. 지금 생각하니 가슴이 아프다. 가슴이 없는 아버지의 삶이 시리도록 아프다. 술 힘을 빌려도 흘러나오지 않던 아버지의 노래 소리가 이제야 들리는 것 같다. '이 풍진 세상을 만났으면 너의 희망이 무엇이냐'는 '희망가'가 사랑 방문 당기는 소리보다 더 크게 내 가슴에 스며들고 있는 것이다.

어쩌다 나도 술에 만취되어 길을 걸을 때면 나 자신을 뒤돌아보곤 한다. 갈 지자로 걷고 있는 것은 아닌지? 괜한 걱정을 하는 것 같아 피식 웃음을 지어본다. 한 번쯤 휘적거려 본다 하여 낭패스러운 일도 아닐 텐데 똑바로 걸어야 한다는 데 집착하고 있는 것 같다. 굽이 없는 길 어디 있으며, 비틀거리지 않는 삶 어디 있겠는가. 60고개가 되고 보니 메마른 강에 촉촉이 물기가 스며

드는 것 같다. 아픈 기억들이 모여 그리움의 강물이 되어 흐른다. 선친의 가슴에 맺혀 있었던 노래 “이 풍진 세상을 만났으니 너의 희망이 무엇이냐”를 큰소리로 불러보고 싶다. 갈지자걸음마다 찍힌 메마른 눈물자국을 그리움의 강물로 적셔 보고 싶다.

갈지자걸음이 어찌 술 때문이랴. 어찌할 수 없는 가난의 질곡에서 버둥대야 했던 그 시대 가난한 서민의 삶 자체였다.

지금도 지하철 역 같은 데서나, 후미진 시장골목에서 갈지자걸음을 목격하곤 한다. 삶에 지쳐 걷는 걸음, 이들에게 풍성한 삶을 만들어가게 할 수는 없을까? 집에서 기다릴 어느 소년의 안타까운 시선이 나의 가슴에 와 닿는 것 같다. 하늘의 별빛 죄다 풀어 사랑으로 지펴가는 아름다운 삶의 풍경화를 창문마다 하나, 둘 그려두고 싶다.

봉암사의 휘어진 길

봉암사鳳巖寺 산림기도를 가는 날이다. 아침부터 소풍가는 아이들처럼 분주함을 떨었다. 아마도 작년 유마회(대구시공무원불자회)의 성지순례 때 가지 못한 아쉬움이 작용했으리라. 더욱이 봉암사는 사월초파일 외에는 산문을 닫아거는 곳이 아닌가.

우리 일행은 혹여 저녁법회에 늦을세라 휴게소도 들르지 않고 곧장 문경새재로 들어섰다. 산골의 길은 이리저리 휘어져 있어서 좋다. 그러기에 넘쳐 달릴 일도 없고, 주변의 경계를 둘러볼 여유로움을 가질 수 있으니 마음 보따리가 조금은 넓어진 것 같다. 도회지 길을 걸으면 종종걸음이지만 시골 길을 걸으면 바쁘지 않다. 휘휘 팔을 저어보기도 하고, 작은 풀꽃의 겨드랑이를 간질이기도 한다. 인간은 자연의 한 부분이라서 격식의 끈을 놓으면 자연에 동화되어 간다. 고무줄을 당겼다가 놓으면 원래대로 돌아가는 것과 같다고나 할까? 우주선이 달나라를 가는 세상에도 여전히 '행운유수行雲流水'를 동경하곤 한다.

한참을 달렸을까? 석양에 물든 큰 바위산이 가슴에 안긴다. 문경시와 괴산군의 두 개 군을 경계로 하는 해발 990m의 희양산曦陽山이다. 동·서·남 3면이 화강암 암벽으로 이루어진 거대한 돌산이 우뚝 서 있다. 바위 봉오리들이 마치 열두 판 꽃잎처럼 펼쳐져 있어 그 앞에 서면 절로 숙연해진다. 이 희양산 중턱에 가부좌 틀 듯 앉아 있는 절집이 봉암사이다. 신라말의 고승 지증대사가 전국 명산을 둘러본 뒤 이곳에 와서 "스님들의 수도처가 아니면 도적떼의 소굴이 될 자리"라며 창건한 사찰로서 구산선문의 일파인 희양산파의 종찰이었다.

봉암사는 향불처럼 고결하고 신비하다. 속세와 연을 끊고 솔바람소리, 물소리에 화두를 잡고 참선에만 매달리는 청정도량이기에 다가감 하나만으로 기쁨이 넘쳐났다. 흰 바위산에 걸린 붉은 노을이 나의 전신을 감싸 안는 것 같았다. 쉰두 해 전 일제 36년간 망가져버린 불교의 제 모습을 찾기 위해 성철 스님을 비롯한 20여 명의 젊은 스님들이 결사를 했던 곳이다. '부처님 법대로 살아보자'던 그 때의 시퍼렇던 결사의 정신이 지금도 눈을 부릅뜨고 지켜보고 있는 것 같았다. '일일부작 일일불식'一日不作 一日不食의 실천을 옮겼던 덕 높으신 스님들이여! 소나무 숲 너머 해탈의 강바람을 불어오게 하신다.

절 입구에 들어서니 '출입금지' 팻말이 커다랗게 다가왔다. '원주 스님께 허락을 받았다'는 증표를 보이고야 문이 열렸다. 일주문 문기둥에 '입차문내 막존지해入此門內 莫存知解'라는 글귀가 다가선다. ―이곳에 들어오면 앎은 존재하지 않는다. ―얼마나 무서운 말씀인가. 무한의 우주에서 우리가 알고 있다는 것이 무엇이냐? 봉암용곡을 흐르는 물소리만이 그 대답을 해주는 듯하다.

같이 간 일행들은 철야기도를 한다고 저녁 공양을 하기 무섭게 대웅전에 가부좌를 틀고 앉았다. 나는 밤 9시도 안 되어 몰려드는 하품에 끌려 자리에서 일어나야만 했다. 한겨울에 온기라고는 없는 법당 안에서 밤을 새우며 기도하는 간절한 바람은 무엇일까? 하룻밤의 잠과 추위도 이기지 못하는 나의 얕은 불심을 어이할꼬. 석가모니 부처님은 깨달음을 얻기 위해 6년간이나 온갖 고행을 다 겪으셨는데 안일에 빠진 나를 어떻게 건져낼까? 부디 오늘 지극정성으로 기도를 올리는 모든 분들께 부처님의 가피加被를 빌어본다.

새벽 불공은 빠지지 않아야겠다는 다짐 때문인지 새벽 네시 전에 법당을 향할 수 있었다. 삼천 배를 하였다는 두 보살님께 꾸벅 절을 하고 싶었다. 마음을 두드리고 두드려야 겨우 108배 한 번 올리는데, 저 깊은 신심信心에 감탄할 뿐이다. 법당 안에는 발 디딜 틈이 없을 정도로 많은 신도들이 자리 잡고 있었다. 겨우 작은 공간을 하나 마련하고 보니 옆자리에 8순이 다 되신 할머니 한 분이 눈을 감고 염주를 굴리신다. 법회 중에 천수경 염송이 있었다. 나는 한 줄도 못 외는 이 경을 옆자리 할머니가 큰

소리로 따라 하지 않으신가. 불경은 그 뜻이 심오하여 이해하기도 어려운데 이 많은 내용을 어떻게 다 외우셨을까? 지성이면 감천이듯 불심이 깊으면 못 이루어낼 것이 없다는 생각이 든다. 이번 기회에 조금만 어려워도 숫제 못 할 것이라고 단정해버리는 나의 생각의 틀을 확 뜯어 고쳐야겠다는 반성부터 해본다.

아침 공양을 마치고 절 옆으로 맑게 흐르는 봉암용곡을 향해 걸었다. 군데군데 얼음이 얼어 하얀 빙판을 만들었고, 양지바른 곳에는 맑은 물소리가 세파에 낀 먼지를 털어내라고 한다. 가만히 바위에 기대어 흘러가는 물 한 움큼을 잡았다. 이내 흔적 없이 흘러가는 물소리. 그 청량함이 잠시나마 나를 들여다보게 한다. 어린 시절 고향집 뒷산에 흘러내리는 물을 손으로 떠받쳐 먹던 생각이 떠오른다. 두 손으로 물을 떠서 입으로 가져갔다. 참으로 달다. 걱정도 달아나고, 욕심도 달아가고, 분노도 자취를 감추고, 웃음이 입 안 가득 고인다. 내 안에 쌓여 있는 무거운 짐이 어느새 저 물처럼 떠나고 있음이다. 계곡물이 창창히 흐르는 곳에 가람伽藍을 세운 것도 이 물처럼 흘려버리고 무無로 돌아가라는 뜻이 아닐까.

계곡을 따라 700미터를 올라가니 금강산 만폭동과 어깨를 겨룬다는 백운대가 나타났다. 넓은 바위 위로 물이 흐르고, 그 위에 우뚝 솟은 바위 면에 높이 4, 5m의 마애보살상이 양각되어 있다. 그 옆으로 신라 시대 명 문필가 최치원 선생이 바위에다 쓴 '백운대白雲臺'가 흰 구름 위로 학이 날아가듯 천 년의 시공을 당겨 놓는다. 마애불상을 향해 합장을 하고는 엎드려 있는 바위 바닥을 두드려 보았다. 청아한 목탁소리가 들린다고 하는데 나의 귀에는 들리지 않는다. 비우지 않고는 들리지 않는 것을 친다고 하여 어찌 들리랴.

봉암사 3층 석탑을 돌면서 이런 생각을 해보았다. 이 땅에 남은 마지막 청정도량에서 용맹정진하는 스님들께 누를 끼치는 것은 아닌지? 가피를 입으려는 이 작은 몸뚱어리 관세음보살께서 쓰다듬어 주실는지? 가만히 눈을 감고 두 손을 가슴에 대어 본다. 원래의 나로 돌아가기 위해 내려야 할 짐이 너무 많다. 잔잔하게 흐르는 내 마음의 물길. 풍경소리 돌아오는 저 바람결에 눈물인 듯 반짝이는 이슬이 될까 보다. 나를 벗으려는 마음가장자리에 이제야 마애불상 밑의 목탁소리가 들려오는 듯하다. 나를 없애면 시공을 초월한다는데 아직도 나를 붙잡고 있는 미숙한 나여!

봉암사의 휘어진 길. 곧바로 지나쳐 가지 말고 나를 찾으며 걸어가라는 무언의 가르침이 아니실까.

됴고약과 발찌

요즈음 사람들 중에 '됴고약'을 기억하는 사람이 몇이나 될까? '됴'는 조의 옛말이고, 종이의 경상도 사투리이기도 하다. 정확히 말하면 종이고약이라는 말이 된다. 이 됴고약은 기름종이에 검고 찐득한 고약과 발근고가 함께 들어 있었다. 중요한 것은 값이 싸서 1통에 30원 정도('70년대 기준) 되어 서민들이 쉽게 구입할 수 있었던 것으로 기억된다.

이 고약이 화농으로 애먹는 서민들의 아픔을 해소해 주는 명약이었다. 주 사용처는 단연 '발찌'였고, 수요가 많은 약품 중의 하나였다. '발찌'하면 요즈음 세간에 회자되고 있는 전자발찌를 연상하기 마련이지만, 예전에는 중년 이상 남성의 뒷머리 가장자리에 흔히 나는 종기의 일종이었다. 그 당시에는 위생 상태가 나빠서인지 어른 아이 할 것 없이 머리 부분에 종기가 흔히 나곤 했다. 특히 발찌는 통증이 심한 데다 방치하면 생명까지 잃는 무서운 병이었다.

대부분 서민들은 발찌쯤은 병으로 여기지 않고, 고약 한 번 붙이면 만사 오케이라는 생각을 했다. 그래서인지 그 당시 약품 인기 1호의 자리를 이 됴고약이 고수하곤 했다. 기름종이에 찐득찐득한 검은 고약을 편편하게 펼쳐놓고, 그 복판에 '발근고'를 조금 떼어 붙이면 그만이었다. 소나무 뿌리를 태워 추출한 기름으로 제조한 것이 발근고인데 회(종기나 고름의 뿌리를 통칭하는 경상도 사투리)를 빼는 데는 이 이상 다른 약이 없다고 여길 정도였다.

발찌는 스트레스하고 연관이 있는지 작고하신 아버지는 살아생전 일 년 내내 발찌를 앓으셨다. 발찌도 한 개가 나는 것이 아니고, 목 주위에 여러 개가 솟아나서 통증이 심한 것 같았지만 내색은 한 번도 하지 않으셨다. 아버지는 왜 그 흔한 됴고약 한 번 붙이지 않으실까? 어린 마음에 고개를 갸우뚱하곤 했다. '됴고약'도 살 돈이 없으신 아버지는 발찌 위에 촛물을 떨어뜨리는 치료방법을 개발해 내셨다. 이 치료법 덕에 아버지와 내가 조금은 친밀할 수 있었지만 슬픈 현실에 눈을 빨리 뜨게 한 동인이 되고 말았다.

아버지는 저녁이 되면 으레 사랑방으로 나를 불렀다. 희미한 등잔 아래 울퉁불퉁한 아버지의 뒷머리 가장자리에 촛물을 떨어뜨리노라면 나의 작은 가슴에도 촛물이 떨어지는 것 같았다. 목

전체가 촛물로 하얗게 덮이면 시술이 끝이 났다. 밖으로 나와 하늘을 쳐다보았다. 초롱초롱한 별들이 작은 이슬이 되어 나의 눈망울에 내려앉았다. 삶은 아픔을 어루만지며 걸어가는 것이 아닐까? 불 붙은 양초를 들고 아버지의 목 주위를 살피던 때가 엊그제 같은데 환갑진갑이 넘은 나이로 접어들었다. 촛물이 떨어질 때마다 꿈쩍꿈쩍 통증을 보이시던 아버지! 피안에서는 고통 없이 웃으시길 손 모아 기도해 본다.

발찌가 하나가 나도 아프실 텐데 여러 개로 솟은 염증을 어떻게 참으셨을까? 예순이 넘어서인지 나는 가끔씩 아버지를 닮아 발찌가 난 게 아닌가 하고 목덜미를 만져보곤 한다. 목에 닿아진 손끝으로 느껴지는 주름투성이 아버지의 얼굴. 뜨거운 촛물을 견디며 삶을 살아가신 아버지의 여정이 얼마나 고달팠을까? 그래도 이 발찌 덕에 무서운 아버지와 짧은 대화와 스킨십을 할 수 있었으니 다행스럽다는 생각이 든다.

지금 생각하면 아버지는 무섭지 않은데 왜 무서워했을까 하는 생각이 든다. 늙은 아버지가 되었기 때문일까? 나는 아이들에게 겉으로 태연하고, 꾸짖곤 하지만 마음속으로 눈물도 흘리고, 한없이 연약하다는 것을 말해주고 싶다. 어머니가 부드러우면 아버지는 엄해야 하는 것은 자연의 이치가 아닐까? 아버지는 외롭고 힘든 존재임에는 틀림이 없다. 역할의 위치가 항상 거친 쪽에 자리하고 있다는 위치함수적인 문제일 뿐이다. 외풍을 막고, 세파를 견디며 가족을 부양하는 강한 아버지에서 가족과 함께 웃고, 고민을 털어놓는 평범한 아버지가 더 필요한 시대가 되었다. 사랑의 표현을 잘 할 수 있는 아버지가 '넘버원'인데 이 마지막 삶의 공부가 왜 이렇게 어렵게만 느껴질까?

30원짜리 됴고약이 새삼 그리운 것처럼 목덜미에 하얀 눈이 내린 촛물투성이 아버지의 모습이 내 가슴에 이토록 눈물꽃을 피우실까?

외할아버지

어느 날 책상서랍을 정리하다가 딸애의 초등학교 1학년 때의 일기장을 볼 수 있었다. 신기하다는 생각이 들어 한 페이지를 들추다가 빛바랜 편지 한 장을 마주했다. 외할아버지의 편지. 가을 추수를 끝내고 햅쌀을 부쳐 주시면서 외손녀에게 보낸 편지이다. 평범하게 "건강하고, 열심히 공부 잘해라."는 당부 말씀인데 그만 눈시울이 붉어졌다. 고인이 되신 지 10여 년이 흘렀건만 사랑의 무게는 더 두텁게 내려앉은 것 같다. 나도 외할아버지가 되면 편지를 많이 써야지 하는 생각이 든다. 때로는 말보다 글이 더 감동으로 받아들여지곤 하기 때문이다.

돌이켜보면 지난 세월은 금방 흘러온 것 같고, 남은 시간들은 짧다고들 한다. 시간의 길이는 그대로인데 모두가 욕심이라는 무형의 덩어리가 자리하고 있어서다. 나같이 공직 근무기간이 마감되어 가는 사람은 아쉬움이란 글자를 하나 더 얹어 놓는다. "40년 했으면 그게 어디고?" 하면서도 현재의 시간을 더 향유하고 싶어지는 것은 어쩔 수 없다. '오면 가는 것' 고맙다는 생각을 하는 게 순서일 것 같다. 나무가 낙엽을 거름으로 하여 다시 새로운 잎을 피우게 하듯이 다음 세대를 위해 나의 모든 것을 떨어뜨려야 한다는 생각이 든다.

한 달 전에 외손자가 태어났다. 외할아버지가 된 것이다. 고물고물 손놀림을 볼 때마다 나의 얼굴에 웃음꽃이 핀다. 배냇짓을 하면서 웃는 모습은 천사와 같다고나 할까. 세상을 모르면서 울고 웃는 인간의 본능을 접하면서 새삼 숙연해진다. 좋으면 웃고, 싫으면 우는 가장 자연스러운 심상의 반영이 배냇짓이다. 태교가 중요하다는 것은 배냇짓에서 증명된다는 생각이 든다. 배속에서 많이 웃게 하면 이 아이의 장래도 밝아진다는 생각을 이제야 알게 되었으니 나의 아둔함을 어찌할까 싶다. 부모님을 부양하랴, 자식 둘을 거두느라 정신없이 살다 보니 정작에 가장 중요한 것들을 놓치고 말았다. 자식에게 못다 한 사랑을 손자에게 듬뿍 주고 싶은 게 솔직한 심정이다.

요즈음 우리 집에는 사랑 전쟁으로 야단이다. 손자를 서로 안으려는 외할머니와 할아버지의 떠밀기 전쟁. 어떤 때는 노인 합창대 같기도 하다. 옹알이를 할 때면 나와 내자는 "그래~", 배냇짓을 할 때면 "아이고 예쁜 것~"서로 질세라 합창을 하곤 한다. 그러면서 이내 화평의 눈짓을 주고받는다. 더욱 가관인 것은 "아앙~" 하고 울음소리라도 나면 할매, 할배, 엄마까지 동시에 달려

간다. 그리고 서로를 쳐다보며 한바탕 웃는다. 아기의 이름을 태아 때는 '똑똑이'로 했고, 이제는 '성욱盛煜'이라 지었다. 성욱이를 볼 때마다 우리는 한없는 행복감에 웃음을 짓곤 한다. 우리에게 행복을 가져다주는 천사를 보내주신 걸까? 배냇짓 중에서 가장 웃음꽃이 아름다운 사진 한 장을 휴대폰 화면에 띄워 놓았다. 전화기를 켜면 제일 먼저 들어오는 저 환한 웃음, 찡그려진 내 영혼을 파란색으로 물들여 주는 저 신비로운 채색술, 새 생명의 존귀함, 이 땅에 많은 생명들이 쑥쑥 자라났으면 좋겠다.

외손자로 하여 꿈을 되찾을 수 있어서 좋다. 늙는다는 것은 육신보다 마음이 앞서는 것 같다. 지명知命을 넘기면 아름다운 꿈이 꿔지지 않는다. 세파를 넘노라고 지쳐서일까? 오는 세월이 짧아서 지레 포기해버린 것은 아니고? 이나저나 다 변명이라는 생각이 든다. 우리가 하루살이라고 하면 얼마나 많은 시간이 남은 걸까? 시간을 쪼개고 쪼개면 무수한 시간이 남는 것인데, 머물러 있어서야 되겠나 싶다. 얼른 나태에서 깨어나 새봄도 맞이하고 잠자고 있는 꿈도 깨워야겠다. 불가에서는 시간은 간 것도 아니고 온 것도 아니고 본시 그 자리에 있을 뿐이라고 한다. 이 시간을 찾는 것이 꿈을 되찾을 수 있는 길이기에 외손자의 배냇짓, 그 해맑은 웃음에 파묻혀 본다. 그리고 앞으로 두고두고 긴 편지를 써볼 셈이다.

어미 새

아침 출근길이다. 딸아이의 컨디션이 좋지 않아 모처럼 승용차로 길을 나서던 참이었다. 여느 때와 같이 M신문사 앞으로 지나가는데 새들의 요란스런 지저귐이 들렸다. 마침 신호 대기 중이라 창문을 열고 가로수 쪽으로 쳐다보았다. 한눈에 직박구리들인 것을 알 수 있었다. 이 나무에서 저 나무로 짹짹거리며 날갯짓을 해 대는 것이 예사롭지 않아 보였다. 이놈들이 무슨 일로 아침부터 수선들인가 싶어 주위를 살펴보았다. 도로 쪽으로 가냘픈 소리와 함께 어린 새 한 마리가 날개를 푸드득거리는 게 보였다. 새끼 새 한 마리가 도로 위로 날다가 비행 실수로 땅에 떨어진 것이다. 그 위로 차들이 하나, 둘 지나가는 게 아닌가.

나는 숨죽이며 아기 새가 바퀴에 치지 않기를 기도했다. 아기 새의 위치가 차선의 중앙 쪽이어서 다행이다 싶은 것도 일

순간이었다. 사람 같으면 “야! 가만히 그대로 엎드려 있어!” 하고 고함을 치면 되는데 여간 답답한 노릇이 아니었다. 하는 수 없이 차량 한 대가 지나갈 때마다 두 손을 불끈 쥐었다 놓았다 할 뿐이었다. 그러다가 바퀴에 깔리지 않으면 안도의 숨을 내쉬곤 했다.

이러한 나의 노력도 아기 새가 살아보려고 날개를 움직이려는 순간 허사로 돌아가고 말았다. 조금 날아오른다 싶더니 이내 뒤따라오던 차의 앞 유리창에 부딪혀 땅바닥에 나동그라졌다. 흰 배를 하늘로 향한 채 파르르 떨고 있는 아기 새. 이 광경을 바라보는 어미 새와 그 가족들이 어쩔 줄 모르고 더 날카롭게 울어댔다. 어쩌면 “아가야 어미의 잘못을 용서해라!”는 절규인지도 모른다. 그 울음 속에는 어미만이 가지고 있는 회한이 담겨 있는 것 같았다.

“좀 더 훈련을 시킨 후에 실습에 나설 걸.”

“미안하다. 아가야.”

나도 어미 새처럼 슬펐다. 나의 간절한 바람이 헛되이 되었다는 것보다 한 아버지였기 때문이다.

반대편의 신호등이 빨간불로 바뀌었다. 아직도 도로 저 편에서 마지막 몸부림을 치는 아기 새가 너무 측은해 보였다. 나는 자동차의 행렬이 끊어지는 것을 틈타 차에서 내렸다. 그래도 행여 살아날 가망이 있으려나 싶어 새를 집어 들었다. 머리 부분이 떨어져 이미 숨이 끊어진 상태가 아닌가. 더 이상 차에 치여서는 안 되겠다는 생각이 들었다. 아직도 따뜻하게 느껴지는 아기 새의 체온. 나는 어느새 어미 새가 되어 있었다. 가족들이 애처롭게 울어대던 가로수 밑동에 가만히 내려 주었다. 이별을 확인했는지 어미 새와 가족들이 긴 울음을 터뜨리고는 날아갔다.

이내 신호가 바뀌었다. 출근길 차선을 막아놓고 서 있는 나를 향해 '빵빵'거리며 야단들이다. '새 하나 죽은 것 같고, 차까지 세우다니' 하는 원망들이 내리 쏟아지는 것 같았다. 창문이 닫혀 진 상태로 크게 고함을 쳤다.

"매정한 사람들!"

사이드 브레이크를 풀면서 어미 새 생각을 해보았다. '비행 연습을 잘못 시켜 새끼를 잃게 되었다.'며 얼마나 가슴을 쳤을까.

사람이나, 동물이나, 식물 할 것 없이 다 자연의 한 부분에 불과하다. 자신을 비껴서 보면 모두가 소중한 것들이다. 태어나면 죽기 마련이고, 다른 각도로 보면 형태만 다를 뿐 모두가 자연의 한 부분인 것이다. 한 발자국만 더 나아가 생각해 보면 새가 있으므로 해서 내가 있는 것인지도 모른다. 새가 날고, 나무가 있고, 물이 흐르고……. 자연 속에 나 있는 길을 인간이 함께 걸어가고 있는 것이다.

오늘 어미 새의 절규를 들으며 자연이 내려주는 사랑의 존귀함에 숙연해진다. 다음 세대를 이어가기 위한 무조건적인 사랑은 눈물겨울 정도이다. 사자나 하이에나 같은 맹수 앞에서 늘 쫓기기만 하던 기린도 새끼가 있으면 무섭게 저항한다. 뒷발길에

접근하지 못하는 사자를 보면서 모성애의 위대함을 느끼곤 했다. 어디 그 뿐인가. 새끼의 은신처가 발견되지 않도록 반대 방향으로 유인해서 달아가는 어미 영양, 아기 가시고기의 부화와 성장을 돕다가 죽어가는 수컷 가시고기, 수만 리 바닷길을 헤엄쳐 와서 알을 낳고는 강기슭에서 죽어가는 어미 연어들…….

생존의 법칙은 자연의 흐름과 같다. 어린 생명을 보호하고자 하는 것도 자연의 순치이다. 아프가니스탄에 인질로 잡혀 두 명이나 목숨을 잃고 말았다. 그 어머니와 아버지의 애끓는 슬픔을 어찌할 것인가. 나머지 인질들을 살려달라고 울부짖는 부모들이 있었기에 이 가없는 사랑의 강물이 흘러 모두가 석방된 것이 아닐까?

이튿날 그 길을 다시 달리면서 가로수를 쳐다보았다. 직박구리가 한 마리도 보이지 않았다. 모두 떠난 게다. 슬픔은 바람이 아닐까. 날아가 버리면 또 다른 바람으로 온다. 세상에서 가장 무거운 게 세월인 듯싶다. 이것으로 쌓아두면 아픔이 묻힌다. 직박구리야 슬퍼 마라. 덧없는 세상 훠어이훠어이 날아가렴.

콩밭열무와 어머니

연일 수은주가 36℃를 오르내리는 불볕더위가 기승을 부리고 있다. 매스컴에서는 에어컨과 가전제품의 사용이 많아져 전력 공급에 위기를 맞고 있다고 야단들이다. 자원도 없는 나라에서 수출 하나만으로 세계 무역 10대국이 된 나라가 전력 공급 중단으로 공장 가동에 차질이 생기면 큰일이 아닌가. '뭐 그리 더운 것도 아닌데 호들갑일까' 하면서도 나도 모르게 손가락이 선풍기의 풍량을 늘리는 쪽으로 가고 있는 것을 보니 덥기는 더운가 보다. '아차!' 하면서 자리에서 일어나 창밖을 내다보았다. 맑은 하늘에 뭉게구름 몇 조각이 남의 속도 모르고 한가로이 떠 있었다. 아무래도 비가 오려면 한참은 더 기다려야 한다는 말 없는 신호가 아닌가 싶다. 구름이 가고 오듯 인생도 애타고 기다리고 즐거워하고 울고……. 이렇게 흘러가는 것인 것을.

어린 시절 우리는 이열치열以熱治熱이라는 역발상으로 더위를 물리치곤 했다. 예전인들 더위가 어찌 없었을까마는 부채 하나, 목물 한 번이면 족했다. 더위란 놈도 사람들에게는 힘 드는 존재지만, 식물이 키를 뽑아내며 즐거워하는 걸 보면 너무 미워할 것도 아닌가 싶다.

'더위에는 더위가 되고, 추위에는 추위가 되라.'는 옛 선사의 말씀이 가슴에 다가온다. 농부들은 자연의 이치를 좇아 더울수록 논밭에 나가 김매기에 열중한다. 더위도 쫓아오는 사람에게는 맥을 추지 못하는지 비 오듯 쏟아지는 땀을 소맷자락으로 훔치면 저만치 줄행랑을 친다. 이열치열의 진수는 김매기가 끝나고 콩밭 고랑 사이로 심어놓은 열무를 뽑아 광주리에 담을 때다. 열무 묶음을 들고 밭둑에 피어있는 호박꽃처럼 함빡 웃으시던 어머니의 웃음이 지금도 눈에 선하다.

비닐하우스가 없던 때라 시골이라고 해서 푸성귀가 흔한 편이 아니었다. 여름철이면 콩밭 무, 호박 잎 정도였다. 콩은 뿌리혹박테리아 덕분에 비료나 인분을 주지 않아도 잘 자라는 특성이 있어서 콩밭에 자라는 열무는 언제든지 날 것으로 먹을 수 있었다. 그 뿐이 아니었다. 콩밭 무는 자연 상태에서 자라기 때문에 뿌리도 크고 줄기도 굵은 데다 싱싱해서 영양과 그 시원한 맛은 어느 음식과도 견줄 바 못되었다. 보리밥에 비벼 먹는 데도 최고요. 파리똥이 까맣게 앉은 보리밥을 찬물에 말아 먹는 데도 이것 이상 없었다. 더구나 냉장고가 없어도 콩밭에만 가면 싱싱한 것을 그대로 언제든지 뽑아 먹을 수 있었다. 말하자면 살아있는 냉장고였다. 거친 보리밥에 아삭한 열무김치의 맛은 오십 보 세월을 늘려 놓아도 고무줄처럼 이내 튕겨 온다.

콩밭열무와 어머니의 흰 수건은 어쩌다 고향 눈을 뜰 때면 맨 먼저 창가에 다가와 있다. 어머니는 주무실 때를 빼고는 머리에 흰 수건이 떨어질 때가 없었다. 부엌에서 밥을 지을 때도, 밭에 나가 김을 맬 때도 비록 빛은 바랬지만 흰 수건이 머리에서 떨어지지 않았다. 그 작은 얼굴을 수건으로 가리어야만 했던 힘든 여정. 잠시도 쉴 사이 없이 일을 해야 삶을 지탱해 나갈 수 있었기에 이 수건을 내려놓을 수 없으신 걸까? 화목을 때느라 그을린 흰 수건 한 장이 어머니의 삶의 버팀목이자 나에게는 끈질긴 삶의 표상이었다.

나는 종종 인생이 바다와 같다는 생각을 하곤 한다. 바다가 고요만 하지 않듯이 삶 또한 풍랑과 시련이 교차될 때가 많다. 어머니의 흰 수건에는 그 색깔만큼이나 땀과 눈물과 애절한 기도가 첩첩이 배어 있었다. 나에게는 바람에 흔들려도 제자리를 찾아가는 등대와도 같았다. 나는 가끔씩 어머니가 호미 한 자루로 삶을 만들어 가셨던, 영면의 장소로 모신 '덤말리'(한 지역의 들녘을 총칭하여 붙인 이름) 밭으로 향하곤 한다. 고향 길 초입에 들어서면 언덕배기 덤말리 유택에 어머니의 흰 수건이 아른거린다. 염천을 아랑곳 않고 콩밭 고랑에서 호미질을 하시던 어머니의 흰 수건이 아닌가. '집에서 쉬시지 왜 밭에 나왔느냐'고 채근이라도 하면 말없이 콩밭 무를 뽑으시던 어머니다.

사랑이 짙으면 무슨 색상이 될까? 겹겹이 둘러친 나이테를 지우고 햇빛에 부서지는 이슬 같은 것일까? 저물어가는 산기슭에 오두막 한 채로 남아 희미한 초롱불 하나 밝히고 싶다. 콩밭 무 총총 썰어 넣고 보리밥 한 덩이 비벼 주시던 어머니의 모습이 왜 이토록 그리운 걸까? 여름철이면 보릿고개 때문에 끼니를 건너뛸 때도 더러 있었지만, 꿈을 꿀 수 있는 공간이 있어서 싫지 않았다. 하늘이 맑은 여름밤이면 하늘을 볼 수 있어서 좋았다. 멍석 위에서 꽷재불(밀 껍데기와 잡풀을 모아 피우는 모깃불의 경상도 사투리)을 피워 놓고 하늘을 쳐다볼 수 있다는 게 얼마나 행복한지 몰랐다. 하늘에 별이 하도 많아서 큰 대자로 누우면 나의 가슴을 다 채우고도 남았다.

풀릴 길 없는 삶의 숙제가 있으면 '하늘을 쳐다보라'는 말이 기억난다. 어린 시절 앞이 막혀 가슴이 답답할 때면 하늘을 쳐다보곤 했다. 정말이지 엉엉 눈물이 쏟아지는 슬픔도 하늘을 쳐다보고 있으면 희망이 생기는 것 같았다. 낮에는 솔밭의 커다란 바위에 누워서, 저녁에는 마당에 펴놓은 멍석에 누워서 구름도 되고 별도 되었다. 어려움을 극복하는 약은 '꿈'이 아닌가 싶다. 생텍쥐페리는 하늘을 보면서 '어린왕자'의 영감을 얻었다고 한다. 하늘을 향해 꾸는 꿈, 우리가 열어야 하는 희망의 문이 아닐까?

어떤 때는 살평상에 누워 밤하늘을 볼 때면 '사람마다 크고 작은 별을 타고나니까 너 별을 찾아 보라'시던 어머니의 목소리가 나직이 들려온다. 수많은 별을 가슴에 안고, 별을 세던 아름다운 시간이 마냥 그리운 것은 풀 향기보다 진한 사랑의 울림이 가슴에 남아 있음이다.

콩나물과 어머니

저녁 식사를 하러 주방에 들어서는데 저쪽 한 귀퉁이에 작은 시루 하나가 눈에 들어왔다. 비록 작은 독이지만 보자기를 씌운 것이나, 물바가지가 놓여 있는 것으로 보아 금세 '콩나물시루'임을 알았다. 아! 얼마나 반가운 친구인가. 식탁에 앉다 말고 성큼 다가가 물바가지를 들고 물을 붓기 시작했다. "쪼르르 쪼르르" 시루를 타고 내려오는 물소리와 함께 어린 시절 고향집 정경이 아련히 떠올랐다.

우리 집 큰방 가장자리에는 늘 큰 콩나물시루가 놓여 있었다. 큰방이래 봐야 두 평(6.6㎡) 남짓할까 말까 하는 작은 공간에 사시장철 자리를 지키고 있던 콩나물시루. 그 앞에 흰 수건을 머리에 쓴 채 물을 주고 계시는 어머니의 작은 등판이 눈에 선히 다가온다. 어머니는 지금도 강 저쪽 피안에서 우릴 생각하고 계실까? 제 자식 하나 건사하는 것도 어려워서 쩔쩔매는 아들을 보며 웃고 계실까? 그 어려웠던 삶의 강물을 헤쳐 가느라 마른 논바닥처럼 갈라진 손등으로 달님께 기도하던 어머니의 손이 그립다. 언제나 잔잔히 내 마음을 두드려주시던 어머니의 간절한 눈빛이 콩나물시루를 타고 내려오는 물소리에 묻어나오는 것 같다. 그리움이 애절함에서 피어나듯 내 가슴에도 모처럼 작은 도랑물이 흘러내렸다.

어머니는 지극정성으로 콩나물을 길렀다. 여덟 명이나 되는 대식구의 끼니를 위해서는 팔뚝만 하게 쑥쑥 자란 콩나물에 의존할 수밖에 없었던 같다. 채소 중에서 자신의 몸을 가장 빨리 불어나게 하는 것이 콩나물이 아닌가 싶다. 작은 콩 한 알에서 한 뼘의 긴 채소로 자라나는 콩나물은 가난한 집에서는 생명줄과도 같았다. 쌀 한 줌으로 콩나물죽을 끓이면 온 식구의 양을 채울 수 있었으니 이보다 더 가정에 보탬이 되는 것이 있었을까. 아버지는 매번 "콩나물죽 3년 먹으면 부자가 된다."는 말씀을 빼놓지 않으셨고, 우리들은 말없이 후룩후룩 그릇을 비워갔다. 우리 식구들은 누가 시킨 것도 아닌데 큰방에 들어오면 맨 먼저 콩나물시루에 물을 주는 것이 일상화 되어 있었다. 그만큼 콩나물은 가족 전체의 사랑을 받았다고나 할까?

참 다행스런 것은 그 때는 호구지책糊口之策으로 먹은 것이지만 가장 좋은 건강식품을 먹은 셈이었다. 콩나물에는 콩에 없는 영양소가 많아 종합영양제와 비견할 바가 못된다. 스트레스를 이

겨내고, 피로회복을 촉진시키며, 간장을 튼튼하게 하는 작용이 있는 비타민B, C, 판토텐산, 아스파라긴산, 고혈압과 변비에 효능이 뛰어난 칼륨과 섬유질 등……. 어디 그 뿐이랴. 물을 줄 때마다 자식의 안녕을 빌어주시던 어머니의 정성 어린 기도가 배어 있었으니 세상에 어떤 것이 이보다 더 값질 수 있었을까?

콩나물에 얽힌 이야기들도 많다. 어느 지역의 S국회의원은 그 부인이 재래시장 터에서 콩나물을 팔아 생계를 이었다고 한다. 재수, 삼수를 마치고 사수를 할 때 그 부인이 지병으로 세상을 떠났고, 그 덕에 동정표를 받아 의정 단상에 서기까지 했다. 콩나물이 아니었다면 꿈도 못 꿀 일이었다. 러일전쟁 때도 만약 콩나물 재배법을 알았더라면 겨울철 비타민 부족으로 병사들의 괴혈병이 발생하지 않았을 것이고, 뤼순이 함락되지 않아 세계 역사가 바뀔 수도 있었다는 가설이 성립된다. 그러고 보면 가느다란 콩나물이라고 하여 함부로 여길 일이 아니지 않을까?

콩나물에 물을 주다 보면 세상에 그저 스쳐 지나가는 것이 없다는 생각이 든다. 졸졸졸 금세 물이 빠져버리는가 싶었는데 바닥의 물 색깔은 옅은 황갈색으로 변해 있다. 한 순간에도 연이 닿고 서로를 주고받는 자연의 오묘함. 콩 씨앗은 스쳐가는 물길에도 작은 발을 내려 뻗는다. 작은 뿌리에서 길러온 물로 탈바꿈을 한다. 콩에서 콩나물이란 다른 형태로 모습을 바꾸는 것이다. 콩이 가지고 있는 지방을 태워 섬유질을 만들고 여기에다 여러 가지 무기물을 함께 합성하고, 암모니아 같은 불순물을 밖으로 내놓는다. 일순간에 지나가는 작용으로 형상과 형질이 바뀌는 것을 보면서 세상의 이치에 아둔한 내가 부끄러워질 때가 있다. 콩나물시루에 물은 주면서 겉으로 드러나 보이지는 않지만 모든 물질은 외면적이든 내면적이든 허물을 벗으면서 살아가고 있는지 모른다는 생각이 들곤 했다.

콩나물은 어쩌다 한 번씩 주어지는 물방울을 거머쥐기 위해 잠시도 마음을 늦추지 않는다. 물 기운이 떨어지면 다음의 물방울을 잡기 위해 하얀 발을 더 많이 만들어낸다. 나는 여기에 비하면 너무 안이한 생활에 안주하고 있었다는 생각이 든다. 직장생활을 하면서 굴곡이 있을 때마다 가슴 아파 하면서 사전에 극복하려는 노력은 보잘것없었던 게 사실이다. 치열하게 살아갈 때 자신의 허물이 벗겨지고 새롭게 태어난다는 진리에 눈뜨지 못한 것이다.

콩나물처럼 산다면 무엇이 어려울까? 주는 대로 받으며 자신의 능력껏 살아가는 멋이 있다. 물이 적고 많음을 탓하지 않고, 묵묵히 자기에게 부여된 일을 해나갈 뿐이다. 물을 많이 주면 곧은 발을 내밀고, 적게 주면 옆으로 작은 발을 더 만들어 가면 그만이다. 비료와 거름 같은 영양제가 필요한 것도 아니다. 물 한 바가지면 족하다. 그러면서도 물 한 모금으로 얼마나 많은 영양소를 생성해 내는가. 그 신비스런 작용은 욕심이 없는 데서 비롯된 것은 아닐까. 사람의 영혼을 반짝이게 하는 것도 바로 공空임에랴.

콩나물은 열예닐곱 살 소녀 같다고나 할까? 부끄러움은 많지만 슬픔이라는 것도 모른다. 콩나물만큼 노래와 함께 사는 식물이 어디 있으랴. 물을 부어주면 저절로 노래가 흘러나온다. 물을 부어주는 사람이 '홍도야 울지 마라'"하면 그 노래가 되고, '백마강 달밤에……' 하면 '꿈꾸는 백마강'이 된다. 슬픔과 외로움 같은 것은 물소리와 함께 흘려보내 버리면 된다. 콩나물은 순간의 만남의 인연을 쉬 보내지 않고, 온몸으로 받아들인다. 그러기에 언제 보아도 친근감이 가고, 와락 안아보고 싶을 정도로 아름다워 보인다. 검은 보자기를 벗기면 황금빛으로 빛난다. 동해를 향해 가부좌를 하고 계시는 부처님 같아 보이기도 하고, 담장 너머로 바라보는 누런 호박덩어리 같은 어머니의 사랑이 되기도 한다.

연거푸 물을 부어본다. 오래된 아름다운 추억을 죄다 가져오고 싶어서다. 어쩌다 한밤중에 잠을 깰 때면 어김없이 콩나물시루에서 떨어지는 물소리가 귓가를 적시곤 했다. 이 물소리는 어머니의 혼이 담긴 사랑의 음성이었다. 어머니는 잠에서 깨었다 하면 무의식적으로 일어나 이 콩나물시루에 물을 주시고는 이내 고단한 코를 고시곤 했다. 낮에는 온갖 밭일과 허드렛일을 하느라 고단하셨을 텐데 어떻게 잠결에 일어나실 수 있었을까?

콩나물시루에 다시 물을 부어본다. '쪼르르 쪼르르' 세월이 흘러도 그리움은 더 짙게 쌓여만 간다.

고기만두와 아버지

요즈음 우리 사회 문화의 한 단면이 외식外食이 늘어난 것인지도 모른다. 휴일 날 동네 인근 식당가에 들르면 가족단위의 손님들로 북새통을 이룬다. 어디 그 뿐인가. 웬만한 읍 소재지만 해도 세계적인 음식체인점 간판이 눈에 띌 정도이다. 핵가족화가 되고, 부부가 함께 직장을 가지면서 자연스레 서구 문화로 바뀌어 가는 것 같다. 3~40년 전만 해도 '외식'이란 단어가 생경했을 뿐더러 회자되지도 않았다.

예전에는 졸업식 같은 특별한 행사가 있을 때 자장면 한 그릇이 전부였다. 그도 도회지에서나 가능했지 농촌에서는 꿈도 못 꾸는 일이었다. 굳이 외식이라는 이름을 붙인다면 이 정도였다고나 할까. 그 시절 최고로 운수 좋은 날이라면 자장면을 먹다가 돼지고기 비계 몇 토막을 만나는 일이었다.

나의 유년 시절은 벌판에 풀어놓은 소와 같다고나 할까. 그야 말로 방목 상태였다. 어머니, 아버지로부터 '공부'하라는 '공'자 한 번 들어보지 못하고 자랐다. 막노동을 하시는 아버지의 벌이로는 대식구의 입에 풀칠하기도 어려웠으니 '밥' 외의 음식은 생각조차 못했다. 어쩌다 다른 아이들이 먹어 봤다던 '자장면'은 그림의 떡이었다. 불과 40년 전이지만 하루 한 번씩 양조장 입구에 긴 행렬이 줄지을 정도였다. 술을 거르고 난 다음 남은 찌꺼기를 얻기 위해서였다. 이것으로 사카린을 조금 쳐서 식사 대용으로 먹곤 했다. 내가 요즈음 술을 남만큼 먹는 것도 어린 시절 미리 술지게미로 단련(?)된 덕분이 아닐까?

유년 시절 아버지와의 대화는 상상조차 할 수 없었다. 더구나 손을 잡고 길을 걷는다는 것은 동화 속의 얘기에서나 가능한 일이었다.

초등학교 1학년 때였을까. 뜻밖의 일이 벌어졌다. 어느 날 아버지께서 느닷없이 "니 내 따라 오너라." 하지 않으신가. 그 날이 5일마다 열리는 '경주장'이었던 기억이 난다. 햇볕이 쨍쨍 내리쬐는 한 여름. 시내를 벗어나 외곽인 서부동 근방의 우시장까지 2km 정도 따라갔다. 때마침 옴포(시계가 없던 시절이라 시청에서 12시를 알리는 사이렌을 울렸다. 이를 두고 일컫는 경주지역 방언)가 불었다. 배가 고팠지만 찍 소리도 하지 못하고 한 발 뒤로 물러서서 따라갈 뿐이었다. 내 기억으로는 아버지께서 특별한 일이 있었던 것은 아니고, 그저 갑갑한 마음에 시장을 둘러보신 것 같았다. 부자간에 한 마디 말도 없이 그저 걷기만 했다. 비도 오지 않는데 일감은 없고, 제비새끼처럼 입을 벌리고 있을 자식들을 생각하는 아버지의 무거운 발걸음.

우시장을 돌아오는 길에 어느 중국집 앞을 지나게 되었다. 아버지가 성큼 가게 안으로 들어가시지 않는가. '무슨 볼일이 있으시겠지.' 하며, 문 앞에 서 있었다. 잠시 후 "들온나('들어오너라.'의 사투리)." 하는 아버지의 목소리가 들렸다. 난 처음 식당에 들어가는 것이라 홀 안의 탁자에 앉지도 못하고 엉거주춤 서 있기만 했다. 아버지는 "만두 한 접시 주이소." 하며, 의자를 빼고 앉으셨다. 만두 한 접시가 탁자에 놓였다. 손을 끌어당기며 "이거 묵으라." 하시는데 발걸음이 떨어지지 않았다. '끼니도 변변하게 때우지 못하는데 이런 비싼 음식을 시키시다니.' 나는 어안이 벙벙해서 막대기처럼 서 있다가 한참 후에야 비시시 자리에 앉았다.

만두 한 개를 입에 넣고 씹어 보았다. 돼지고기 국물이 우러나서인지 입에 착 감쳤다. 세상에 태어나서 처음으로 가장 맛있는 음식을 먹어보는 순간이었다. 한 개를 먹다 말고 아버지 눈치를 살폈다. 그저 말씀 없이 고량주 작은 병 하나를 잔에 부어 드시고는 단무지 조각만 입에 넣으셨다. 일부러 드시지 않는 것 같아서 만두 하나를 입에 넣어드렸다. "인자(이제) 니 다 묵으라." 하시며 손을 저으셨다. 그렇다고 10개가 될까 말까 하는 군만두를 혼자 먹을 수 없는 일이었다. 어머니와 동생 생각이 함께 떠올라 눈물이 핑그르 돌았다.

아버지는 만두집을 일어서면서 주인장 보고 모기 같은 목소리로 "전에 했던 공사비 언제 주시지요?" 하시지 않는가. "좀 더 기다려요." 이것이 대답의 전부였다. 그제야 "아, 공사비 받으러 오셨구나." 하는 생각이 들었다. 그 당시만 해도 가정집에서는 페인트 공사를 맡기지 않을 때였기 때문에 학교나 관공서를 빼고는 중국집이 유일한 거래처였다. 그러다 보니 공사가 끝나도 제때에 공사비를 주지 않고 이것저것 트집 잡다가 늦게 주는 것이 다반사였다. 그나마 단골을 놓치면 큰일 날 게 뻔한데 누가 고개를 쳐들겠는가. 말없이 돌아서야 하는 아버지의 비틀거리는 발걸음. 그 시대 노동자의 아픔과 일그러진 모습이었다.

나와 아버지간의 데이트도 외식도 그 후로는 없었다. 유년 시절 처음이자 마지막인 외식. 중국집 앞을 지날 때면 고기만두보다 초췌한 아버지의 모습이 떠오르곤 한다. 벌이가 시원찮아서 어머니의 바가지가 끊이지 않았던 아버지! 약주에 취해 집안에서 고함치던 모습이 눈에 선하다. 다른 곳에서는 가장 약해야 했던 아버지. 그 고뇌와 아픔을 나이테가 더할수록 가슴에 진하게 묻어온다.

외양이야 어쨌든 아버지의 모습은 예나 제나 달라진 게 없지 않을까.

'큰애는 좋은 배필을 만나야 할 텐데.'

'작은애는 장래성 있는 직장을 잡아야 할 텐데.'

눈을 감아야 내려놓을 수 있는 아버지의 짐. 이런 인연 만난 게 사랑의 샘물을 만들어가는 거겠지. 지난 계절이 추울수록 꽃잎의 색깔이 진하다던데, 아픔을 디디고 설수록 더욱 아름다워지는 게 인생이 아닐까. 세월에 감싸진 고기만두 조각들이 내 가슴에 꽃이 되어 피고 있다. 아버지의 따뜻한 체온이 그리운 것처럼…….

어두일미

어두일미魚頭一味.

우리 집은 아버지까지 3대가 내리 외동아들로 내려와 제사가 많은 편이었다. 가난한 집에서 제사 지내기가 오죽 어려웠으면 '가난한 집에 제사 돌아오듯'이라는 말이 생겨났을까. 제사상에 올리는 고기 중에 생선을 '마리고기'라고 불렀는데 전갱이, 고등어, 조기, 방어, 돔배기(상어고기의 사투리) 등이 주류였다. 이밥 먹기가 어려웠던 어린 시절에는 철모르고 제삿날을 손꼽아 기다리곤 했다. 이밥에 짠 돔배기 한 토막은 전신이 떨릴 정도로 입맛을 당겼다. 돔배기는 제사상에 올리는 생선 중 가장 값비싼 것이어서 산적 몇 꼬지가 전부였다. 귀한 만큼 아이들에게 돌아오는 몫은 없었으니 더 먹고 싶었는지 모른다.

서민들은 한 푼이라도 돈을 아끼려고 명절 대목을 피해 돔배기를 사서 소금단지에 묻어두곤 했다. 그 당시로는 상하지 않게 하려면 이 방법밖에 없었다. 소금에 완전히 절인 돔배기. 차라리 소금 덩어리라고 표현해야 맞지 않았을까. 제사를 다 지내고 철상을 할 때 살금살금 기어가서 한쪽을 떼어 먹던 맛이란 50년이 지나도 입에 침이 고일 정도다. 지금도 여름철에 입맛을 잃어버릴 때면 소금단지에 묻어놓은 돔배기 생각을 하며 침샘을 자극해 보기도 한다.

'70년대 이전에는 아무리 빈한한 가정이라 하더라도 가장(할아버지나 아버지)의 밥상만은 따로 봐주셨다. 나머지 식구들은 '둘레판(낮은 원탁의 밥상을 경상도 지방에서 일컫는 말)'에 밥 한 양푼, 김치 한 그릇을 얹어 놓고는 온 식구가 둘러앉아 숟가락질을 해대곤 했다. 수저를 놓는 순서에도 끈끈한 내리사랑과 아픔이 배어 있었다. 늘 어머니가 맨 먼저 수저를 놓으시고, 그 다음으로 철든 순서대로 밥상을 물러나야만 했던 안타까운 그림들이 또렷이 다가온다. 절대량의 부족을 참음과 희생으로 넘어야했던 긴 삶의 고개를 그리움 가득 안고 넘어본다.

세상을 살면서 가장 고통스러운 것이 배고픔이 아닐까 생각한다. 이 배고픔 앞에는 양반도, 체면도 한낱 허울에 불과했다. 아버지께서 밥상을 물리면 철없는 아이들이 숟가락을 들고 몰려든다. 밥그릇의 삼분의 일 가량은 언제나 밥이 남아 있었기 때문이다. 어쩌다 밥상에 생선 토막이라도 얹어진 날이면 "어두일미야!" 하시면서 머리만 드시고 몸통은 아래 상으로 넘기시던 아버지의 큰 기침 소리가 애틋하게 귓전을 울린다. 생선토막에 일제히 꽂히는 젓가락을 보는 부모의 심정은 어떠했을까.

'73년도 쯤으로 기억된다. 군 입대를 하고 자대로 갓 배치된 이등병 때이다. 그 해 12월은 유난히 추운 해여서 강원도 홍천 지방의 수은주가 영하 24도를 오르내렸다. 고된 훈련에 육군 정량은 반 쯤 도망 가버려 저녁에 침상에 누우면 배에서 주인을 원망하는 소리가 새어나오곤 했다. 한번은 밤 12시쯤 외곽 초소에 보초를 나가면서 뭐 먹을 것 없나 하고 취사장으로 걸음을 옮기는데 두부 상자가 눈에 번쩍 띄었다. 다짜고짜 장갑을 낀 채 불쑥 손을 넣어 얼음덩어리 두부를 건져 입에 넣었다. 얼음덩어리 일망정 배부터 채워보자 싶었다. 초소 옆에서 한 시간 내내 뜀박질을 했지만 배고픔보다 더 견디기 어려운 게 없다는 것을 뼈저리게 체험할 수 있었다.

먹을 것이 귀한 시절에는 쇠붙이 말고는 버릴 것이 하나 없었다. 제사를 지내고 나면 남은 음식 - 마리고기, 콩나물, 지짐(부침개의 사투리) 등등을 넣고 찌개가 끓여진다. 요즈음으로 치면 의정부 미군부대에서 나오는 소시지 부스러기를 넣은 부대고기 찌개라고나 할까. 이 잡탕 찌개를 그릇에 퍼 담을 때면 으레 생선의 머리 부분은 어머니의 그릇에 담겨 있었다. '어두일미'라서 어머니가 잡수시는 것일까. 성년이 되기까지 이 종합찌개의 생선머리는 한 번도 빠지지 않고 어머니의 그릇에 담겨 있었다. 요즈음같이 신선도가 높은 것도 아닌, 소금에 절여진 생선머리를 빠진 치아 사이로 용케도 발라 잡수시던 어머니의 모습이 눈에 아련히 밟혀온다. 가난 속에서도 자식 사랑에 절여진 모정을 어찌 다 헤아릴 수 있으랴.

저세상에 가신 어머니, 아버지의 자리에 이제 내가 서 있다. 자식 없이 돌아가신 숙부모 제사를 모실 때면 옛 생각이 떠오른다. 파제하고 나서 어머니가 즐겨 드시던 잡탕찌개 생각이 떠올라 내자에게 은근히 청을 넣어 보았다. 모처럼 만난 잡탕찌개. 예전에 어머니가 드시던 것처럼 생선 머리를 발라 먹어본다. 목 부분에 조금 붙은 살점 외에는 아가미와 뼈뿐이다. 빈 그릇에 뼈만 수북이 쌓일 뿐 몸통보다 더 맛있다는 생각이 들지 않는다. "어두일미라 했는데……."

어머니 생각을 하면 나이는 어디로 도망가고 금세 어린아이가 되어버린다. 조금은 철이 들었을 때이다. 어머니 그릇에 담겨 있던 생선머리를 몸통과 바꿔 먹으려고 실랑이를 벌였던 기억이 맨드라미처럼 붉게 피어오른다. "야는 어두일미도 모르고" 하시며 끝내 이 맛있는 부분을 독차지하고 마셨지만 나에게는 크나큰 사랑을 먹게 하였다.

세월이 흐르고 어머니가 하신 것처럼 나도 열심히 어두일미를 취해 보았지만 영 딴판이다. 아이들이 거들떠보지도 않는다. '아버지들은 다 저러시겠지…….' 하며 제 먹을 것만 취하는 놈들을 어찌하랴. 어려움을 모르면 산 앞에서만 산을 보는 것과 같다. 산을 넘지 않고서 산 너머 무엇이 있는 줄 어찌 알 수 있으랴.

자신의 주위만 맴돌다 보니 다른 사람을 배려하는 마음이 엷어져 가는 것 같다. 사랑의 등불은 마음속에 켜지는 것. 이 불의 에너지는 고난과 극복의 과정에서 더욱 밝게 빛을 발한다. 예전에 전기가 들어오지 않은 시절에는 초상이 나면 집집마다 등불을 모으곤 했다. 모일수록 밝아지는 등불, 그 불빛으로 삶을 가꾸어 온 우리들이 아닌가.

이스라엘 사람들은 유월절이 되면 일주일간 누룩이 들어있지 않은 마른 빵을 먹는다고 한다. 그 옛날 어려웠던 시절을 체험하면서 자신을 가다듬어 보는 시간을 갖기 위함이 아닐까. 우리는 이와는 정반대인 것 같다. 과거를 감추고 싶은 생각이 너무 강한 것이 아니냐는 생각이 든다. 과거가 현재의 본보기이고 미래는 현재로부터 출발한다는 보편성의 원리를 외면해서야 되겠는가? 우리의 지난 시절이 이스라엘보다 더 유복했다고 할 수 없다면 우리도 일 년 중 단 하루라도 보리밥이든 무밥이든 시래기밥이든 옥수수밥이든 도토리밥이든 거친 음식을 먹는 날을 정해봄이 어떨까. 반찬도 소금에 완전히 절여진 갈치, 돔배기, 고등어, 전갱이 같은 생선과 깍두기 한 접시 정도 내어놓고 예전의 우리 조상들이 겪어야 했던 어려움을 체험토록 하면 세상이 조금은 달라지지 않을까.

아버지께서 밥상을 물려주시기를 기다리던 어린 시절. 그릇 밑 부분에 남아 있는 밥그릇에 숟가락을 꽂던 철부지한 나의 모습이 되레 그리운 것은 무엇 때문일까. 힘든 일을 하려면 속이

든든해야 하는데 말없이 지게를 지고 들에 나가시던 아버지의 모습이 아련히 다가온다. 이렇게 풍요로운 물질문명 덕에 배고픔은 극복하였지만, 사랑이 구워지는 따뜻한 인정의 온돌방이 사라진 것 같다. 우리가 잃어버린 것들이 어쩌면 더 아름다운 모습이었지 않나 하는 부질없는 생각으로 '어두일미'의 의미를 되새겨 본다.

도토리묵

국립공원에 있는 참나무의 도토리를 사람들이 모두 주워버려 청설모의 먹이가 없어져 큰일이라는 언론 보도를 접했다. 이놈은 다람쥐와 달리 먹이를 굴을 파서 저장하지 않고, 주위에 군데군데 숨겨놓는 습성이 있다고 한다. 주위에 숨겨놓은 것을 사람이 가져가버리니 청설모 입장에서는 도둑을 맞은 것과 다름이 없다. 참나무가 번식되어 가는 것도 이 청설모라는 놈이 숨겨둔 양식을 잃어버려 그 곳에서 싹이 돋아나기 때문이라고 한다. 자연은 이렇듯 순리로 답을 풀어나간다. 억지가 없고, 자기 자신이 열심히 살아가는 것으로 운행이 연속되어지는 것이다. 만물의 영장이라고 하는 사람이 이래서야 되겠는가. 어린 동물의 먹이를 훔쳐서야 될 법인가 말이다.

예전에는 먹을 것이 없어서 이 도토리를 주워다가 끼니를 때

우곤 했다. 흉년이 들면 참나무에 열매가 많이 달린다고 한다. 아마도 산중의 작은 동물들의 먹이 외에도 가난한 서민들의 끼니까지 걱정해 주심이 아닌가. 보이지 않는 곳에서도 서로를 위하는 마음이 녹아나는 자연의 깊은 가슴.

어린 시절 어머니를 따라 도토리를 주우러 갈 때이다. 어머니는 "야야, 한 나무에 있는 것 다 따면 안 된데이."라는 당부 말씀을 잊지 않으셨다. 나는 영문도 모르고 그저 시키시는 대로 도토리를 따 모았지만 세월이 지나고 나니 그 깊은 뜻을 헤아릴 것 같다. 서로를 존중하는 것이 삶의 근원이고, 더불어 살아가는 자연의 순리라는 것을.

파란 하늘에 어울리게 고운 단풍이 물들면 나는 창문을 열고 물끄러미 바깥을 내다보는 병이 도진다. 일종의 향수병일 수도 있고, 가을처럼 지고 있는 인생에 대한 허무 같은 것이 깔려 있지 않나 싶다. 까닭 모를 외로움이 어쩌면 인간의 본 모습일지도 모른다. 어차피 홀로 와서 홀로 떠나는 것이 아닌가. 나의 이런 병이 보일 성싶으면 집사람의 신속한 처방이 나오기 마련이다. '이열치열以熱治熱'이듯 향수병鄕愁病에는 향수鄕愁를 느껴보게 하는 것 외에는 다른 처방이 없는 법. 저녁에 퇴근해 오자마자 식탁 위에 도토리묵이 한 상 차려져 있는 게 아닌가. 얼른 '묵채'부터 해치우고 묵무침과 '통묵'으로 젓가락 놀림이 바빠진다. 이런 모습을 바라보는 내자의 표정은 마냥 즐겁기만 하다. 어린아이처럼 헤헤 벌어진 나의 모습이 우습지 않고서야. 은혼銀婚이 넘도록 티격태격 살아온 우리지만 지나고 보면 늘 내자가 한 수 위인 듯 싶다. 도토리를 먹고 자란 세대. 지난 시절의 아름다운 슬픔의 흔적이 이슬방울 매달린 도토리 열매처럼 굴러온다.

꿀밤을 떨어뜨려 주는 참나무 앞에 서면 절로 고개가 숙여진다. 화강암의 척박한 땅에서 뿌리를 내려주는 참을성에서. 산에 들어서면 졸참나무며, 떡갈나무, 상수리나무 할 것 없이 큰 잎을 흔들며 맞이해 주는 밝은 인사성에서. 봄날 연두색 넓은 잎과 줄기는 무논에 뿌려져 거름으로 쓰이고, 작은 짐승에서부터 곤충에 이르기까지 겨울을 나는 먹이가 되어주는 남을 위한 희생정신에서. 어디 그 뿐이랴, 썩은 나무등걸에도 유익한 균사를 붙여 표고버섯을 자라게 하지 않는가. 자신밖에 모르는 사람들이 내뱉는 오염을 생각하면 고맙고, 숭고하고, 겸허하다는 생각이 든다.

도토리와 가난한 농촌의 살림과는 떼어내려야 떼어낼 수 없는 밀접한 관계에 있었다. 도토리는 꿀밤이라 하여 껍질을 벗기고, 삶아 몇 날 며칠 동안 우려내어 보리쌀 몇 톨과 섞어 밥을 지으면 대가족의 끼니를 때울 수 있었다. 맛으로 먹는 것이 아니다. 살기 위해 먹는 것이고 보면 여기에는 풋풋한 인정과 사람의 향기가 묻어난다. 나는 이 '꿀밤밥'을 먹을 때면 팥밥으로 여겼다. 팥 삶은 색깔과 닮았기도 했지만 마음속에 이렇게 설정을 해놓으면 그 나름대로 멋이 있는 것 아니냐는 생각이 들어서였다. 가난한 아이들의 간식은 이 꿀밤에다 사카린을 넣고 절구에 찧어

떡같이 만들어 뭉쳐 먹는 '느티'라는 음식을 빼놓을 수 없었다. 추운 겨울날 어쩌다 시골 논길을 따라 걸을 때면 논 가운데 있는 작은 우물 옆에 꿀밤을 우려내던 장독을 그려보곤 한다.

어린 시절, 감이 빨갛게 익어가는 무렵이면 우리 집 마당에는 붉은 고추는 보이지 않고, 크고 작은 도토리들이 촘촘히 멍석을 깔고 앉았다. 작은 밭에는 그저 양식 될 만한 것만 심어야 했기 때문에 양념에 불과한 고추는 뒷전일 수밖에 없었다. 가을은 참 양반인 것 같다. 고운 햇살로 곡식과 과일을 익게 하고, 맑은 하늘과 알맞게 부는 바람으로 추수한 수확물의 간수를 도와준다. 멍석 위로 바람이 지나가는 모습을 보면 절로 웃음이 나온다. 빨간 도토리의 엉덩이를 뒤지는가 하면 고추잠자리의 꼬리를 깨물기도 한다. 도토리란 놈은 영양가가 많아서 이런 장난질이 없으면 이내 벌레가 먹고 만다. 겨울을 기다리며 영문도 모른 채 햇살을 맞아들이는 도토리를 보면 고마운 생각이 든다. '저마저 없었으면 가난한 농촌 사람들이 어떻게 겨울을 났을꼬?'

내가 중학교 다니던 어느 해 겨울이었다. 학교를 파하고 어둠살이 낄 무렵 집 안으로 들어서는데 어머니가 보이지 않았다. 책가방을 방에 던져놓고 "엄마"를 부르다가 정지문(부엌문의 사투리)을 열었다. 깜깜한 부엌에서 어머니가 눈물을 훔치고 있지 않으신가. 그 옆으로 장에 팔러 가신다던 묵 판에 묵이 그대로 놓여 있었다. 우리 집은 행정권은 경주시지만 울산하고 붙어있는 곳이라 뭐라도 팔 것이 있으면 '울산장'을 이용하곤 했다. 나는 왜 묵을 그대로 가져오셨을까 하는 의문이 풀리지 않아 "어머니, 왜 묵을 그대로 가지고 오셨어요?" 하고 묻지 않을 수 없었다.

"묵이 새카매 가지고 아무도 안 사더라."

아픈 어머니의 마음도 모르고, 우르르 묵 판을 둘러싸고 허겁지겁 묵을 퍼먹던 동생들. 나는 어머니를 위로해드린답시고 "바보같이 진짜 묵도 모르고……" 하며, 흥분을 했지만 조그만 눈물방울을 숨길 수 없었다. 지금도 눈을 감으면, 학비라도 보태보려고 온 산천을 다 누비며 도토리를 따 모으시던 어머니의 모습이 눈에 아련히 비쳐온다. 어머니의 다리를 주물러드리다가 마주치는 가시덤불에 긁힌 상처투성이. 우리 어머니는 훈장보다 더 값진 사랑의 등불을 우리에게 가슴으로 남겨주신 것 같다.

요즈음 도토리가 몸에 잔류되어 있는 화학 물질을 없애준다는 보도 덕에 도토리묵이 인기가 높다. 영면하시지 않았으면 우리 어머니, 이 산천 저 산비탈 훨훨 날아다니실 텐데…….

도토리묵에서 우러나는 어머니의 향기가 그립다.

사랑한다는 말

노르웨이 피오르드 협곡의 항구를 끼고 있는 작은 식당에서 점심을 먹을 때이다. 우리 식탁에 서빙을 해주는 아가씨가 어찌나 예쁜지 첫눈에 번쩍 들어왔다. 사춘기 시절의 가슴 철렁한 느낌 그대로였다. 눈이 검고 깊은 데다 보조개까지 예쁘게 피어 있는 모습이 녹색의 풀밭에 홀연히 고개를 내민 백합과 같다고나 할까. 나도 모르게 "야이 애스크 다이" 하고 말았다. 금세 얼굴이 빨개지는가 싶더니 이내 "이유가 뭐죠(What's the reason)?" 하며, 머물러 서 있지 않는가. 이번에는 내가 얼굴이 붉어지지 않을 수 없었다.

주위의 부러워하는 동료들을 보며 엉겁결에 서툰 영어로 "눈이 아름답고, 예뻐서"라고 했다. 아가씨의 얼굴에 붉은 장미꽃이 다발로 피어나는 것 같았다. "당신을 사랑한다."라는 말이 그렇게도 좋은 것일까. 그 아가씨의 호소력 있는 눈매와 때 묻지 않은 순박함에 반쯤 얼이 빠지고 말았다.

30년을 거슬러 올라가 본다. 힘차게 흘러내리는 폭포를 올라가는 연어처럼 세월의 물살을 뛰어넘고 있는 것이다. 내가 20살 때쯤인가. 시골 오솔길 옆 샘터에서 빨래를 하던 L에게 일부러 이런 상투적인 말 한마디를 건넨 적이 있다. 이 때 순진하게 가슴에 덥석 안겨오던 작은 떨림이 되살아난다. 사랑은 국경도 없고, 시공도 뛰어넘는 것일까.

우리 둘의 짧은 연출을 두고 주위의 동료들은 저마다 부러운 눈치가 역력했다. 내가 생각해도 신기한 것은 이런 작은 일 하나 가지고 득의양양한 미소를 짓고 있는 나 자신의 모습을 보고 있다는 것이다. 나는 배가 피오르드를 벗어날 때까지 "하필 떠나는 날에 이런 일이" 하며, 멀어져가는 항구를 바라보고 있었다. 이곳 여성들은 너무 순박해서 "야이 애스크 다이" 하면 어쩔 줄 모른다는 현지 가이드의 얘기를 실천한 게 정말 잘한 일이라는 생각을 하면서 배 밑 스크류에서 감아오는 물바퀴 소리처럼 가슴에는 흰 거품이 일고 있었다. 마음은 소년. 그래서 인생은 긴 여정이라고 했던가.

멀리 바라보이는 삶의 발자취. 사실 이만큼 살아가는 동안 이성에게 "사랑한다"는 말을 한 적이 몇 번 있었을까. 집사람에게도 직접적인 표현을 못 하고, 은혼식이 지나도록 입 안에만 맴돌았을 뿐이지 않은가. 눈이 시리도록 푸른 협곡의 맑은 바다 내음을 맡으면서 문득 내자의 얼굴이 떠오른다. 외국어로 "야이 애스크 다이"는 자연스레 나오는데 우리말로는 나오지 않은 것은 무슨 연유일까. 그만큼 '사랑한다'는 말이 고귀한 때문일까. 우리는 고래(古來)로부터 소중한 것은 쉬 내뱉지 않고, 가슴에 묻어두는 전통을 가지고 있다. 귀한 자식일수록 이름보다는 흔한 별명을 부르곤 했다. 범에게 많이 물려가던 시대는 역으로 '범 물어갈 놈'으로 부르고, 호호 불어도 날릴까 봐 안절부절못하던 삼대독자는 '개똥이'로 불렀다. 귀할수록 드러내지 않으려는 간절한 보호의식은 그만큼 전란과 질병이 창궐했다는 증거이기도 하다.

요사이는 '표현하지 않은 사랑은 사랑이 아니다'고들 한다. 나의 경험으로는 정말 숨이 막히도록 사랑할 때는 이 말이 나오지 않는 것이 아닐까 하는 생각에 변함이 없다. 젊은 시절 한참 나이 차이가 나는 사랑하는 사람이 있었다. 가슴은 끓어오르고, 말은 가슴이라는 산 밑에 숨어버린 채 흘려보낸 시간들. 그 때 "야이 애스크 다이"라고 했더라면 어떻게 되었을까. 인생은 직선이 아니고, 비껴가면서 그려가는 곡선이 아니던가. 그러고 보면 사람과 자연은 둘이 아니고 하나임을 알 수 있다. 강물처럼 흘러가는 것이 인생이라는 여정. 산마루에서 강물을 바라보는 것처럼 인생도 저만큼 언덕배기에 올라 바라보면 강물처럼 휘어 있다. 곡절을 안고 휘돌아 흘러가고 있는 강물이 바로 우리의 실체적인 모습이라는 생각이 든다. 자연의 운행을 깊이 바라보지 않는 사람들이 왕왕 큰일을 내기도 한다. 지난 태풍 매미 때 직선으로 물굽이를 바꾸었다가 엄청난 피해를 본 기억이 아직도 생생하다.

모든 것은 굽이돌아 흐를 때 아름답다는 것을 배워야 할 것 같다. 사랑은 묻어둘 때 아름다운 법이다. 드러난 사랑은 이미 때가 끼기 마련이고, 쉽게 달구어진 것은 쉬 식기 마련이다. 전통과 문화를 버리고 서양만 따라가는 현 세태가 안타깝다. 우리는 난방을 할 때 '구들'을 놓아 오랫동안 불을 지피고, 달구어진 두꺼운 돌의 온기로 겨울밤을 넘기지 않았는가. 스위치 하나로 온기가 돌게 하다가 이를 내리면 이내 차갑게 식는 '현대식' 문명을 닮아서인지 사랑도 한 번에 뜨겁게 달구어졌다가는 한 번에 식고 마는 것 같다.

"야이 애스크 다이" 어쩌면 잊혀져가고 있는 간절한 우리들의 사랑을 되 불러주는 외침인지도 모른다.

향나무

부모님 성묘를 갈 때면 으레 고향집 앞을 지나곤 한다. 50년간 정붙여 살아온 곳, 나의 본향이 아니던가. 부모님이 저세상으로 가신 후 한동안 사람이 살지 않아 마당에 잡초가 서성일 때도 있었다. 다른 사람이 세 들어 살고부터는 그저 대문 밖에서 마당을 바라볼 뿐이다. '방구들을 뚫고 머리를 내미는 죽순은 없겠지' 하며 위안을 삼으면서도 옛정이 그리운 것은 어쩔 수 없다. 가신 지 3년도 안 되었는데 이토록 변해버린 것일까. 예전에 윤기 나던 장독대엔 먼지투성이다. 머리에 수건을 쓰고 장독대를 닦으시던 어머니가 "야야 인제 오나." 하시며 뛰어나오시던 모습이 눈에 선히 비친다. 담벼락 한 귀퉁이가 허물어져 있다. 보리와 벼를 심던 문전 천수답에는 잡초와 수양버들이 영역 다툼을 하고 있다. '사람 훈기 떨어지면 금세 집이 무너진다.'는 어른들의 말씀에 고개가 끄덕여진다.

모두들 낯설기만 한데 저만치 푸른 깃발을 흔들며 반겨주는 모습이 눈에 들어온다. 우뚝 깨금발을 하고 양팔을 벌리고 있는 우물가의 향나무가 아닌가. 착잡한 내 마음이 이내 밝아졌다. 반갑게 뛰어가서 가지 끝을 만지며 가슴으로 안아본다. 고향 냄새가 물컥 난다. 갇혀 있던 인정의 냄새가 분출한다. 향기는 그리움 속에서 피어나는 것. 하늘의 구름이 내려와 앉는다. 가지마다 몽글몽글 추억꽃이 피어난다.

어린 시절 집 앞 논가에 우물이 하나 있었다. 말이 우물이지 60cm 정도 될까 말까 하는 덤벙이었다는 게 맞는 표현일 것 같다. 우물가에 가보면 개구리가 기어 다니고, 때로는 무자지(독 없는 뱀)가 머리를 쳐들고 있을 때도 있었다. 세 끼니 밥 해결도 어려운데 위생이니 건강이니 하는 것은 배부른 소리에 불과했다. 나는 조금만 가물어도 바닥을 내놓는 우물을 볼 때마다 '정말 샘물이 솟는 우물 하나 파드려야지' 하는 원을 세우곤 했다.

그 당시 농촌에는 '소 한 마리가 전 재산'이라 할 정도로 중하게 여겼다. 큰 소를 먹이다가 이듬해 송아지를 낳으면 쓸 곳이 야밤에 빈대 기어오르듯 빽빽했다. - 자녀 혼사비용, 공납금, 장리갈이 등등. 송아지를 애지중지 길러 어른 소를 만들고, 또 송아지를 기르고……. 어쩌다 큰일이 겹쳐 이 소 끈을 놓고 나면 이내 가세가 기울어지고 만다. 우리 집도 전에 소 한 마리를 먹였는데 군에서 제대하고 돌아와 보니 외양간이 텅 비어 있었다.

소 끈을 다시 잇기 위해 복직기념 사업으로 암송아지 한 마리 몰아넣었다. "왼쪽 뿔이 위로 올라오면 집안에 복 들어온데이" 하시며, 아버님은 소등을 쓸곤 하셨다. 아버님의 염원이 통해서일까. 이 소는 한 해 한 마리씩 금송아지를 선물해 주었다.

첫 송아지를 판 돈으로 맨 먼저 여태 먹어왔던 우물을 깊이 파기로 했다. 어른 키로 대여섯 질 파내려 가고, 석수장이를 불러 암반을 깨내고서야 샘물이 솟아올랐다. 박수라도 치고 싶었다. '맑은 샘물'에서 '이제 제대로 된 삶을 살 수 있겠구나.' 하는 희망이 비쳐지는 것 같았다. 아버님은 새로 판 우물에 모터를 설치해 부엌으로 연결하면서 모처럼 환한 웃음꽃을 피우셨다. 어머님은 부엌 앞 수도꼭지에서 물이 나오는 것을 보고 주름살이 펴지시는 것 같았다. 이제 물독을 이고 남의 집 우물까지 물을 길러 다녀야 하는 불편을 덜어 드릴 수 있다는 생각을 하면서 나의 가슴에 또 다른 샘물이 솟았다.

아버님은 새 우물 기념으로 향나무 가지 몇 개를 꺾꽂이 하시는 게 아닌가. 기분 좋은 마음이 들킬까 봐 "향나무 뿌리가 담긴 우물물을 먹으면 장수한데이." 하시며, 물을 주고 또 주시던 모습이 떠오른다. 아버님은 이 향나무에 대한 사랑이 각별하셨다. 길가에 뻗어있는 가지를 누가 꺾어 놓기라도 하면 동네가 떠나도록 고래고래 고함을 치실 정도였다.

이태 전에 동네에 살고 있는 형님 친구 분이 이 향나무를 팔라고 한다는 말을 듣고, 깜짝 놀라 '아버님이 가장 아끼시던 것인데' 하며 극구 말렸다. 돈 몇 10만 원에 잃어버릴 뻔한 향나무. 아버님의 향나무에 대한 정성이 나도 모르게 물들여져서인지 고향마을을 찾을 때면 꼭 향나무 앞에 서 있곤 한다. 경작을 하지 않아 집 앞 논은 황무지가 되어버렸지만 우물가 향나무는 여전히 하늘을 향해 푸른 잎을 반짝인다. 모두 낯설어 가는데 홀로 지탱하며 웃음으로 맞이해 주는 향나무가 얼마나 고마운지 모른다.

향나무는 기암절벽 같은, 다른 식물이 자라지 못할 환경에서도 생명력을 유지해 나간다. 울릉도 해변을 끼고 관광을 하다 보면 깎아 세운 절벽 위 바위 틈새에 향나무가 군집해서 자라고 있는 것을 볼 수 있다. 사람이 오를 수 없는 척박한 곳에서 의연히 삶을 찬양할 수 있는 모습이 눈부시리만큼 아름답다. 저기서 어떻게 수분을 빨아올릴 수 있을까. 자양분은 무엇으로 하고……. 키는 작다. 그렇다고 작다고 할 수는 없다. 높은 바위를 딛고 서 있기 때문이다. 어느 나무가 이 절벽보다도 더 크게 자랄 수 있단 말인가.

사람들은 자신의 키만 잰다. 얼마든지 높은 곳에서 서 있을 수 있는데도 말이다. 어려움은 인생의 바위이다. 딛고 일어서면 자신의 키가 된다. 조금만 발을 뻗으면 물길에 닿을 수 있다. 보이는 것에만 집착하여 자신의 키를 바라보지 못하는 어리석음을 어찌하랴. 절벽 위에, 바위 위에 끈질긴 밧줄을 묶고, 세월을 업고, 구름도 띄우며 푸른 잎을 잃지 않음인지 향기가 절로 난다.

훌륭한 스님이 사리를 남기듯이 인고의 세월을 안으로 불태워 온 향나무는 정적靜寂을 남긴다. 좋은 향나무를 잘라 향불을 피우면 정신이 맑아진다. 새로운 혼불로 태어나기를 바라는 기도가 담겨 있는 것일까. 향불은 아픔에서 깨어날 수 있는 깨우침이기도 하고, 잡스런 번뇌를 경계함이기도 하다.

향나무가 보이지 않을 때쯤 되돌아보니 "향나무 뿌리가 담긴 우물물을 먹으면 장수한데이." 하는 잊혀진 아버님의 목소리가 들려온다.

5
끊임없이 시도하는 삶은 희망을 만든다

끊임없이 시도하는 삶은 희망을 만든다

【들어가며】

저는 생애 3분의 2에 해당하는 40년 이상을 공직에 몸담아 왔습니다. 인생여정 자체가 공직의 길이었다고 해도 과언이 아닐 성싶습니다. 아직도 끼니를 해결하지 못해 굶주림에 허덕이는 아프리카나 동남아 일부 나라처럼 유년기는 곤궁한 삶을 보내었습니다. 청소년기에도 이러한 극빈의 환경이 이어졌으나, 끊임없이 시도하는 삶을 통해 이를 극복하고 희망을 만들어 갔습니다. 요즈음 삶이 어렵다고 스스로 삶을 포기하는 세태를 보면서 매우 안타깝다는 생각을 하곤 합니다. 더구나 어린 자식을 자신과 동일시하는 것은 매우 잘못된 생각입니다. 사람은 누구나 천부의 인권을 타고 태어납니다. 부모라 해서 함부로 생존의 존엄성을 헤칠 수는 없는 것입니다. 저는 지금까지 살아온 이야기를 통해 어려움 앞에서 주저앉는 것보다 끊임없이 시도하는 삶이 희망을 만든다는 사실을 세상에 알리고 싶습니다. 왜냐하면 그 어떤 괴로움도 순간에 지나가기 때문입니다.

저는 운이 참 좋은 사람이라고 생각합니다. 6·25전쟁 중인 52년에 태어나서 죽지 않고 살아남았으니 첫 번째 운이 좋은 것이고, 54년에 홍진을 이겨내고, 뒤이어 큰 병을 앓고도 일어났으니 얼마나 운이 좋은 것입니까? 국민소득 50불 정도에서 태어나 20,000불 이상 시대로 껑충 뛰어넘는 과정을 고스란히 지켜보면서 반세기만의 기적을 함께했다는 것도 여간 고마운 일이 아닐 수 없습니다. 저의 유년기인 '50~60년대는 1인당 국민소득이 100$ 남짓했으니 지금의 베트남이나 미얀마, 캄보디아 같은 수준이라는 것을 미리 말씀드려야 저의 얘기를 이해할 수 있을 것 같습니다.

【유년 시절】

저는 전쟁 중에 경주읍 노동리 판잣집에서 태어났습니다. 아버지는 페인트를 칠하는 노동자였기 때문에 무척 가난한 삶을 살았습니다. 끼니를 굶는 게 다반사였기 때문에 이런 걸 가지고 '슬프다', '괴롭다'라는 관념조차 없었습니다. 대여섯 살 무렵에는 양조장의 술밥을 말리려고 망을 쳐놓은 곳에 쪼그리고 앉아 있곤 했습니다. 그 작은 망 속으로 고사리 손을 억지로 밀어넣어 고두밥 몇 알을 집어 먹기 위해 안간힘을 쏟았던 기억이 새록새록 다가옵니다. 그도 시원찮으면 국수집에서 국수를 말려 놓은 땅바닥에 살금살금 들어가 떨어진 국수를 주워 먹곤 했습니다. 살기 위한 방편이고 보면 부끄러움이랄 것도 없었던 것 같습니다.

초등학교 갈 무렵쯤에는 무대가 경주 박물관으로 바뀌었고, 미군 지프차가 오면 뿌려진 껌 하나를 주워 먹으려고 "오케이", "오케이" 하며 따라다녔습니다. 얼마 전에 상영한 월남전 영화에서 껌이나 먹을 것을 얻어먹으려고 우리 한국군 지프차를 따라다니는 장면을 보고 아이들이 웃는 것을 보며, 격세지감이 들었습니다. 그때의 저와 저 아이들이 뭐가 다를까요?

【초등학교 시절】

초등학교 1~2학년 때는 개구리 뒷다리를 꼬챙이에 꿰어 팔러 다녔고, 안압지에서 "오~다리 오~다리" 하며 왕잠자리를 잡아 구워먹으면서 허기진 배를 채워야 했습니다. 초등학교 4학년 때 시골 할머니가 돌아가셨고, 그 길로 '외동읍 제내리' 고향으로 들어오게 되었습니다. 논 너 마지기, 그 중에서도 두 마지기는 천수답이어서 수확량이라야 고작 쌀 5~6가마가 될까 말까 하는 빈농의 아들이라는 또 하나의 역경이 시작되었습니다. 일곱 식구의 양식이 12가마는 되어야 하는데 이 농사로는 반도 모자라는 형편이었으니 사는 게 말이 아니었습니다. 그 당시 저의 모습은 남루한 옷에다 얼굴에는 흉터와 마른버짐이 피어 있고, 머리에는 부스럼까지 나 있었으니 남 보기에 얼마나 안타깝고 보기 흉했을까 하는 생각이 듭니다. 물론 아이들에게 놀림도 많이 받았습니다.

오죽했으면 이런 일도 있었겠습니까. 제가 '93년도에 울산에 있는 유공에 출장을 내려갔을 때 일입니다. 모처럼 울산에 갔으니 초등학교 동기생들을 만나보고 싶었습니다. 한 친구에게 전화를 걸었더니 저녁에 장생포항에서 만나자고 했는데 출장을 마치고 식당에 들어서는 순간 깜짝 놀랐습니다. 영지초등 졸업생 한 반 60여 명 중 그날 저녁에 여자만 10명이 모이지 않았습니까? 저는 반가운 김에 "우에 이리 많이 모였노?" 하니까 어느 여학생이 "해남이 니 우째 변했는가 싶어 왔다 아이가." 해서 한바탕 웃었습니다. 정말 오는 친구마다 동물원 구경 온 사람마냥 이리 보고 저리 보고 이구동성으로 "아이고 니 얼굴 많이 좋아졌대이." 할 정도였으니까 말이죠.

1960년대는 요즈음 대학교 입시는 저리 가라 할 정도로 중학교 입시경쟁이 치열했습니다. 초등학교 6학년 담임선생 집에는 과외 공부를 하려고 몰려드는 학생들로 넘쳐났고, 그 당시 인기 짱이 6학년 선생님이었습니다. 실력도 있어야 했지만 교장의 눈에도 들어야 할 정도로 6학년 선생님이 되기가 어려웠습니다. 그 정도로 입시경쟁이 치열했다는 것이지요.

요즈음도 있는지 모르겠지만 그 당시 초등학교에서 최고의 인기 있는 참고서는 동아전과와 수련장, 표준전과와 수련장이었습니다. 웬만한 학생이면 둘 중에 한 권씩은 필독하는 것이 기본이었다고나 할까요. 그런데 저에게는 그림의 떡이었다는 게 맞는 표현입니다. 금강산도 식후경인데 끼니 해결이 어려운 마당에 그런 참고서를 사 본다는 게 상상조차 할 수 없는 일이었겠지요? 어쩌다 애들이 밖에 나가고 없을 때 슬며시 전과를 넘겨보곤 했습니다. 교과서에서 보지 못한 알찬 내용들을 보면서 '이런 걸 보면 공부를 참 잘할 수 있겠구나' 하며 부러워하기도 했습니다.

남 따라 학교 보내주니 학교를 가는 것이지 사실 다닌다는 표현은 맞지 않았습니다. 그나마 기껏 사주시는 것이 헌 교과서, 그것도 국어, 산수, 사회, 자연 딱 네 과목을 사주는 것으로 감지덕지해야 했습니다. 어떤 때는 교과과정이 개편되었는데도 헌책밖에 구할 수 없어서 수업시간에 하릴없이 책장만 넘길 때도 더러 있었습니다.

집에서 초등학교까지 6km나 되는 먼 거리를 걸어 다녀야 했고, 학교를 파하거나 조그만 틈새가 있거나 쉬는 날에는 소꼴이나 나무를 하러 다녀야 했습니다. 초등학교 때 가장 골치 아픈 것은 미술 시간이었습니다. 도화지는 간신히 한 장 살 수 있는데 크레파스가 없으니 그림을 그려낼 수가 없었습니다. 연필로 긁적긁적하다가 시간이 다 될 무렵에야 옆의 친구한테 빨강, 파랑, 검정 세 색깔 정도를 어렵게 빌려서 슬슬 흉내만 내어 후다닥 내밀었으니 미술 점수는 초등 6년 내리 가, 가, 가를 면치 못할 수밖에요.

저는 그래도 꿈을 놓지 않았습니다. 사회의 약자를 도울 수 있는 검사가 되고 싶었던 것입니다. 그 후로 장래희망 난에는 언제나 '검사'가 기입되곤 했습니다. 검사가 되기 위해 탐정소설이 구해지면 밤새워 읽곤 했습니다. 셜록홈즈와 괴도 루팡은 과학수사의 필요성을 알게 되는 계기가 되었습니다.

【끊임없이 시도하는 삶의 시작-첫 번째 시도】

그런데 문제는 중학교 진학이었습니다. 집안 사정을 보면 한숨이 절로 났습니다. 아무리 가고 싶어도 돌아오는 것은 '불가능'이란 답뿐이었으니까요. 해마다 졸업식이면 더 이상 진학을 할 수 없는 절망감 때문에 졸업식장이 온통 울음바다가 된 것은 다 이 때문이었지요. 저는 진학은 할 수 없지만 시험은 쳐봐야겠다고 용기를 냈습니다. 끊임없이 시도하는 삶의 시작이었던 것 같습니다. 용기인지 바보인지 모르겠지만 과외공부도 하지 못하고 수련장도 한 번 보지 않은 주제에 자신감 하나만으로 원서를 냈다는 게 대단한 일이었습니다. 이왕 중학교에 못 갈 바에는 그래도 경주시내 중학교에 원서를 내야지 하는 생각이 들었습니다. 절망 속에서도 한 가닥 희망의 줄을 놓지 않기 위해 공납금이 싼 공립중학교인 신라중학교에 원서를 내 보았습니다. 합격은 되었지만 진학이란 것은 애초부터 불가능한 일이었기에 크게 가슴 아파 하지 않았습니다.

【두 번째 시도】

초등학교를 졸업하고 다른 방법이 없어서 농촌 일에 본격적으로 입문해야 했습니다. 저의 초등학교 졸업선물이 무엇인 줄 아십니까? 요즈음은 휴대폰이나 전자사전, 가방이나 예쁜 옷 같은 것을 선물하는 게 추세인 것으로 알고 있습니다만, 저의 졸업선물은 어른 지게의 목발을 잘라낸 지게였습니다. 어른 지게는 내가 키가 작아서 질질 끌리기 마련이었고, 목발을 잘라야 키에 맞출 수가 있었습니다. 초등학교를 졸업한다는 것은 곧 어른이 된 것처럼 일이 주어졌습니다. 초등학교 때까지는 소풀을 망태기로 베어 날랐지만 이제부터 지게에다 바소쿠리를 얹어 어른처럼 행동을 해야만 했습니다. 어린 나이(만12세)에 종일 소풀을 베야 했고, 그 해 여름에는 땔감이 부족하여 풋나무(생나무가 불에 잘 타는 녹수나무, 아카시아 등)를 해서 져 날라야 했습니다. 어린 시절 지게를 너무 많이 져서인지 이렇게 키가 작은지 모르겠습니다.

그 어려웠던 춘궁기가 끝나고, 초여름 보리타작을 할 때였습니다. 보리타작을 해가 어두워질 때까지 마치고 뒷산 골짜기에서 내려오는 물 덤벙이에 목욕을 하러 갔었습니다. 그날따라 보름이었는지 둥근 달이 토함산 위에 떠 있었습니다. 바위에 걸터앉아 문득 저의 삶에 대한 생각을 하게 되었습니다. 학교를 가지 못하면 어느 부잣집에 가서 새경도 없이 소꼴이나 베고, 잡일을 하면서 밥이나 얻어먹는 꼴머슴살이 가는 길 외에는 다른 방법이 없다는 걸 알았습니다. 저는 엉엉 소리 내어 울어버렸습니다. 냇물에 떠내려가는 저의 울음소리, 그래도 산기슭에 걸려있는 달빛 속에다 저의 한 가닥 희망을 붙잡아 두고 싶었습니다. 그리고 몇 번이고 저 자신에게 외쳤습니다. “머슴살이는 절대 안 한다.” “중학교에 간다!” 정말이지 저의 인생을 머슴으로 끝나고 싶지 않았습니다. 이튿날부터 어떻게 하면 중학교에 갈까? 하는 화두를 잡고, 고민에 빠졌습니다. ‘궁즉통’이란 말이 있듯이 서울 남대문시장의 점원을 하면 야간 중학교에 갈 수 있다는 묘안이 떠올랐습니다. 다음 날 아침 어머니에게 “중학교 안 보내 주면 서울 남대문 시장에 갈 테니 걱정하지 말라는 결심을 내비쳤습니다. 어리지만 ‘한다면 한다는 쪽’의 성격을 잘 아시는 어머니로서는 큰 고민에 빠지시는 것 같았습니다. 저 어린것이 ‘세워놓고 코를 베어간다’는 서울이 말이 되느냐 하는 걱정이 들었을 것임에 분명했습니다. 끼니도 해결 못 하는 형편에 서울행은 막아보려고, 자식을 살려보려고 친정 육촌 여동생에게 공납금 2,500원을 빌려 면소재지에 있는 외동중학교에 입학시켜 주었습니다. 지금 생각해도 서울에 아는 사람이라곤 없는데 그 때 그런 생각을 했다는 게 여간 대견스럽지 않았다는 생각이 듭니다.

【중학교 시절】

말이 중학교지 영어사전도, 참고서도 없이 여전히 국어, 수학, 영어, 물리 주요과목의 헌책이 전부였습니다. 학교까지 길은 20리쯤 된 데다 토, 일은 일, 일, 일에 매달려야 했습니다. 밤이 되어야 공부할 시간이 주어졌는데 희미한 등잔불 밑에 엎드려 이내 코를 골 수밖에 없었습니다. 그래도 얼마나 힘들게 학교에 들어갔는데 공부 못한다는 소리는 듣기 싫었습니다. 궁리 끝에 20리 등·하굣길을 이용해야겠다는 생각을 했습니다. 영어 단어는 길에서 외우고, 다른 공부는 쇠죽을 끓일 때 아궁이 앞에서 부지깽이로 썼습니다. 링컨 대통령은 숯으로 글을 써서 대통령이 되었지만 저는 숯 대신 부지깽이로 글을 썼으니 국장밖에 못 된 것 같습니다. 이럴 줄 알았으면 나도 숯으로 쓰는 건데……. 저의 성적표는 내 인생의 굴곡처럼 삐죽삐죽했습니다. 농번기인 중간고사 때는 쑥 내려갔다가 학기말 때는 쑥 올라갔으니까 말이지요.

내가 중학교에 들어가서 처음으로 훌륭한 스승을 한 분 만났습니다. 군대에서 이발사를 했다는 '철네'라는 동네 아저씨가 이가 무딘 이발기계로 대충 빡빡 깎아 주고는 일 년에 한 번 가을에 벼 한 말을 주면 되는 소위 '가을내기'라는 이발을 해오다가 처음으로 면소재지 입실역 앞에 있는 이발소에 들른 적이 있었습니다. 난생 처음 보는 큰 거울 앞에 주눅이 들어 고개를 간신히 드는데 거울 위 벽에 삶이란 시가 걸려 있었습니다. 바로 푸슈킨의 '삶'이란 시였습니다. 저는 시의 내용이 너무 좋아서 이발 보다는 거울 옆 벽 쪽에 걸려있는 액자 속의 시를 외우느라 정신이 없었습니다. 태어나서 처음으로 만난 이 가슴 뭉클한 시.

"삶이 그대를 속이더라도 슬퍼하거나 노하지 말라. 슬픔의 세월을 견디면 기쁨의 날은 오리니……." 여기서 참으로 값진 인생의 교훈을 얻었으니 훌륭한 스승이었지요.

그 후로 저는 어렵거나 슬픈 일에 부딪힐 때면 커다랗게 이 시를 암송하곤 했습니다. 이 시를 읽노라면 종교의 주문(呪文)처럼 눈 밑에 달린 슬픈 이슬이 금세 지워질 때가 많았습니다.

【세 번째 시도】

중2년쯤이었을까. 분홍빛 구름에 싸여 있던 현실이 모습을 드러냈고, 뛰어넘을 수 없는 가난의 큰 벽 앞에 서야만 했습니다. "검사는 무슨 검사, 대학을 가지 못하면 아무것도 이룰 수 없는데," 진학을 하지 못하면 꿈을 이룰 수 없다는 절망감에 가슴이 아팠습니다. 그 날은 20리 하굣길이 무거운 추를 달아놓은 듯 발걸음을 옮기기가 어려웠습니다. "중학교도 제대로 다닐 수 없는데 희망은 무슨 희망" 하며, 길가에 수북이 자란 애꿎은 풀잎만 훑었습니다. 희망이 보이지 않는 하늘은 너무 차가워서 가슴이 에는 것 같았습니다. 10여 리를 걸었을까. "현재는 슬픈 것. 마음은 항상 미래에 사는 것……." 저는 이 시를 큰 소리로 낭송하면서 두 손에다 슬픔보다 더 소중한 희망을 꼭 쥐었습니다.

해는 저물고, 머리 위로 하나, 둘 등불이 켜지기 시작했습니다. 어느새 헝클어진 마음자락에 별님이 새겨들고 있었습니다. 사각거리는 천정천 모래발자국 소리, 가슴으로 읽는 시, 눈은 별빛 속에 닿아 있었습니다. 저는 평생을 이 시 한 편에 맡기고 살았다고 해도 과언이 아니었습니다.

고등학교 진학은 허공을 향해 돌팔매질 하는 것과 같았습니다. 입시는 되어 가는데 아무리 둘러봐도 진학의 빛이라고는 한 가닥도 보이지 않았습니다. 겨울 방학이라 매일 두 짐씩 나무를 하러 산에 올랐습니다. 어느 날 나뭇짐을 세워 놓고 동쪽 토함산을 바라보았습니다. 연이어지는 산맥, 그 앞으로 펼쳐져 있는 들판, 이따금 지나가는 기차의 기적소리, 산골에 처박혀 사는 저로서는 희망의 작은 가닥조차도 잡기가 어려웠습니다. "어떻게 하나 앞으로 남은 이 많은 세월을, 머슴살이로 갈 수밖에 없단 말인가?" 초등학교 때와 마찬가지로 머슴살이는 할 수 없다는 내 마음의 외침이 들렸습니다. "고등학교 원서는 내자. 그래도 시험은 쳐봐야지." 이왕 칠 바에야 제일 명문고인 경주고등학교 원서를 내기로 결심을 굳혔습니다. 이튿날 아침, 부리나케 학교로 달려갔습니다. 어머니는 "자가 나무하러 가지 않고 어디로 가나?" 하고 의아스럽게 바라볼 뿐이었습니다. 막상 학교로 가기는 갔지만 걱정이 앞섰습니다. 선생님이 입시공부도 하지 않은 나 같은 놈에게 경주고 원서를 써주실까? 단번에 호통만 받는 것은 아니겠지? 이런저런 걱정으로 교무실 문을 열지 못하다가 용기를 내어 문을 열고 들어갔습니다. "선생님, 경주고 원서를 내러 왔습니다." 하고 모기소리로 말씀을 드렸습니다. 아니, 오늘 선생님 사모님이 고깃국이라도 끓여 주신 걸까? 핀잔도 없이 쓱싹 원서를 써 주시는 것이 아니겠습니까? 저는 선생님 마음 변하시기 전에 얼른 뛰쳐나왔습니다. 등에는 긴장 된 탓으로 땀이 흥건히 고였습니다.

시험은 쳤지만 합격한다는 것은 기적 같은 일이 아닐 수 없었습니다. 동일계 경주중학교의 진학을 빼면 시골 중학교에서 경주고 합격은 드문 일이었고, 게다가 전혀 입시공부를 하지 않은 나로서는 기대하기 어려운 일이었습니다. 합격자 발표문을 훑어보는데 저의 이름 석 자가 떡하니 눈에 들어오는 게 아니겠습니까? 그러고 보면 제가 시험 운 하나는 타고난 것 같습니다. 뛸 듯이 기분이 좋았지만 이내 부질없다는 생각으로 고개를 떨구어야 했습니다. 해 질 무렵 집에 들어오는데 풀죽은 저의 모습을 보고 '언감생심 고등학교라니.' 하고 부모님은 '좋아'하는 눈치였습니다. 저는 힘없이 "합격은 했심더." 하고 방으로 들어가 문을 쾅 닫았습니다.

이번에는 어머니대신 아버지께서 또 빚을 내어 진학을 시켜 주었습니다. 기적이 일어난 것입니다. 아버지는 빌린 돈을 잘 갚지 않아 '여수가 찔기다.(신용이 없다는 경상도 사투리)'는 소리를 자주 듣던 터였습니다. 그 뿐이 아닙니다. 작은 뒤주의 나락을 다 내어 먹고는 남 보기에 양식이 없는 테를 보이지 않으려고 그 속에 짚을

쑤셔 넣어 위장을 해 놓은 것을 보고 "아무것도 없으면서 헛두지는?" 하며 비아냥대던 마을 사람들이 많았는데 아버지는 보란 듯이 경주고에 보내고 싶은 충동이 일었지 않았나 싶습니다. 그때까지 50호 가량 되는 우리 마을에 개동 이후로 경주고를 나온 사람이 한 사람도 없었다는 게 행운이면 행운이었습니다. 그러나 집안 형편을 다 아는 나로서는 기쁨인지 슬픔인지 모르는 눈물이 가슴을 타고 흘렀습니다. 취직이 잘 되는 공고를 갔으면 이내 돈을 벌어 빚을 갚아드릴 수도 있을 텐데 마음의 짐이 너무 무거웠습니다.

【네 번째 시도】

인문계고를 나와서는 총무처(행정안전부) 5급을류(9급) 시험에 합격하는 일 외에는 취업을 할 수 없었습니다. 도·시·군에서 치르는 9급 시험이 있었지만 모두 병역필을 대상으로 했기 때문에 고3생들은 자격이 되지 않았습니다.

저의 목표는 고3 때(만 18세) 이 시험에 합격하는 게 저의 가정을 살리는 유일한 길이라고 판단했습니다. 입학의 기쁨보다 이 목표를 향한 저의 고난의 길이 시작되었던 거지요. 내가 공무원 시험에 합격하지 못하면 그 길로 우리 집은 파산이 될 게 뻔했습니다. 철저하게 공무원 시험과목 중심으로 공부가 시작되었습니다. 물리 시간에 국사책을 끼워 놓고, 영어 시간에도 틈만 나면 사회책을 내어 보았습니다. 한번은 영어 시간에 그도 무서운 선생님 시간인데 국사책을 보아야 했습니다. 옆 짝꿍에게 선생님 곁에 오시면 알려달라고 해놓고 몰아경지에 빠져 있는데 "야!" 하는 소리와 함께 호랑이 선생님이 옆에 서 있지 않겠습니까? 아무런 변명도 못 하고 저의 뺨에 슬리퍼 세례가 가해졌습니다. 선생님이 무슨 잘못인가? 슬픈 저의 처지 때문이라고 생각하고 생각했지만 그날 저녁 자취방에서 부은 볼을 문지르며 실컷 울었습니다. 알려주지 않는 친구에게도 잘못이 뭐 있겠는가? 내가 이 딱한 사정을 말해주지 않았으니 공부 시간에 다른 공부를 하는 내가 얄미울 수도 있었겠다 싶었습니다.

고3 10월에 기다리던 총무처시험이 있었습니다. 20:1의 경쟁률이었습니다만 지성이면 감천인지 11월 서울신문의 1차 합격자 발표에 이름이 들어 있었습니다. 문제는 2차 면접시험이었습니다. 얼굴에 흉터 때문에 떨어지지는 않았을까 하는 걱정이 최종 발표 때까지 떠나지 않았습니다. 우리 가문, 우리 동네 통틀어 공무원이 한 사람도 없었으니 어디 상담할 데도 없어서 벙어리 냉가슴 앓듯 끙끙거릴 뿐이었습니다. 요즈음 족보를 보고 안 일이지만, 370년 전에 9대조 할아버지께서 '통사랑' 벼슬을 하신 이후 처음으로 관직에 입문한 것을 알 정도였으니 그럴 수밖에 없지 않았나 싶습니다.

12월 24일이었습니다. 이 날도 산에 나무를 하러 갔습니다. 나무 한 짐을 지고 삽짝에 들어서는데 누이가 "야 합격자 발표서류 왔다." 하며 누런 봉투 하나를 내밀었습니다. 단숨에 뛰어가서는 나뭇짐을 내려놓기 무섭게 봉투를 찢었습니다. 총무처장관, 지금은 안전행정부장관 직인이 큼직하게 찍힌 '합격통지서'를 가슴에 끌어안았습니다. 가난의 질곡에서 벗어날 수 있는 가느다란 희망의 빛이 보였습니다. 대학교 진학을 하기 위해 꿈에 부풀어 있는 친구들을 보노라면 부끄럽기도 하고 몹시 부럽기도 했습니다. 목표는 달성했지만 나도 법대만 가면 사법고시는 붙을 수 있었을 텐데……. 하는 아쉬움이 가슴 한 구석 남아 있었습니다.

처음에는 국가공무원이니까 적어도 도청소재지에는 발령을 받을 수 있겠다 싶어 야간대학 진학의 꿈에 부풀어 있었습니다. 그러나 교육과학기술부 추천, 경상북도교육청 추천, 경주시교육청까지 쭉 밀리더니 이듬해 8월 결국 서면에 있는 아화초등학교 행정실 근무로 낙착되었으니 대학과는 인연이 없었던 것 같습니다.

【다섯 번째 시도】

이제는 주어진 저의 환경 속에서 최선을 다해 출세를 해야지 하는 또 하나의 희망의 밧줄을 쥐어 보았습니다. 물론 고3 동안 기존 빚에다 저의 빚까지 보태어 빚더미가 된 집을 일으키는 데 팔을 걷어붙였습니다.

공무원 2년차인 '73년, 교육청 관리과에 근무할 때였습니다. 무슨 기안을 해 올렸는데 계장이 까맣게 수정을 해서 내려왔습니다. 신참에게 교육 목적도 있었겠지만 문제는 문장이 되지 않는 거였습니다. 수정의견도 받아들이고 문장도 맞게 고쳐 결재를 올렸는데 고치는 대로 하지 않았다고 불벼락이 떨어졌습니다. 저는 '교육청에서 문장이 맞지 않는 공문을 보내면 어떻게 하나?' '가뜩이나 일반직 출신들이 학력도 낮아 낮추어보는데…….' 하는 생각 때문에 끝내 '문장이 되지 않아서요'를 되풀이 하고 말았다. 죄 중에 제일 무서운 죄가 바로 '괘씸죄'란 놈입니다. 이것을 몰랐던 풋내기에게 보름 후인 8월 1일자로 황성초등학교 근무발령이라는 좌천의 벌이 내려지고 말았습니다. 저는 내심 '좀 참을 것', '그놈의 문장 때문에' 등등 후회가 없었던 것도 아니었지만 이미 엎질러진 물을 어떻게 하랴 싶었습니다. 책상 서랍을 정리하고 있는데 계장이 일말의 양심이 남아 있었던지. "어이 최 주사, 한 가지 알려줄 일이 있는데 9월 1일자로 8급 승진이 있다"고 하지 않겠습니까? 그러면서 과장께 잘 해보란 정보도 함께 흘려주었습니다. 9월 25일이면 군 입대를 해야 하는데 그 전에 승진을 해야만 멀고 먼 공무원의 길을 당길 수 있을 것 같다는 생각이 들었으나, 방책을 모르는 나로서는 밤잠을 설치며 고민에 고민을 거듭해야 했습니다. 승진 자리는 2자리, 대상자는 4명인데 나 빼고는 전부 나이가 10살이나 많은 경험 많은 분이었습니다. 아무리 생각해도 묘안이 떠오르지 않아 고3 담임선생님을 찾아가서 자초지종을 말씀드리는 수밖에 없었습니다. 다행스럽게도 담임선생님과 과장은 경주여중에서 같이 근무한 친한 사이였습니다. 선생님께서 잘 말씀드려 주시겠다는 말씀에 용기를 얻었습니다만 그래도 불안감은 여전했습니다.

8월 27일 쯤 서무계 인사담담당자로부터 흥분된 목소리가 들려왔습니다. "최 주사 승진했어요. 승진" "기적입니다. 기적" 나도 가슴이 마구 뛰었습니다. 25일 후면 군 입대인데 얼마나 다행스러운 일입니까? '만 22세에 8급' 그리고 군 입대, 생각만 해도 가슴이 떨리는 일이었습니다. 승진 이유가 '교육 우등'이었습니다. 살다 보니 현재를 열심히 살아두는 것이 보이지 않지만 큰 복으로 돌아온다는 것을 실감할 때가 많았습니다. 신규 임용자 과정 교육에서 우등한 것 빼고는 승진할 수 있는 어떤 조건도 갖추지 못했습니다. 이 하나를 만들어 놓지 않았다면 승진은 물건너간 일이었음에 분명했으니까 말이지요.

【여섯 번째 시도】

제대를 하고 복직을 하니 승진 소요연수가 되었습니다. 그 당시 인사제도가 교육 20점, 근무성적과 경력이 80점이었습니다. 교육을 받지 못하면 20점을 얻지 못해 자연히 승진을 할 수 없는 제도였지요. 여기서 또 암초에 부딪혔습니다. 교육을 받지 못하게 하면 자동으로 승진에서 탈락되기 때문에 이 관문을 어떻게 통과하나 싶었습니다. 서무계장에게 잘보여야 하는데 나에겐 그런 여력이 없었습니다.

빚을 다 갚지 못하고 군 입대를 했기 때문에 밑의 동생 학비까지 겹쳐 빚이 산더미같이 쌓여 있었습니다. 장가도 가야 하는데 이것을 청산하지 않고는 행복을 찾을 수 없다고 생각했고, 장가가기 전 2년 동안 빚 갚기 비상작전에 들어갔습니다. 봉급의 90%를 투입하여 2년짜리 계를 들어 그 해 12월 모든 빚을 다 갚았습니다. 그 때 제가 갚은 쌀 장리 빚이 20가마가 넘었으니 우리 집 농사를 한 톨도 먹지 않고 4년을 모아야 가능한 양이었습니다. 어머니는 저의 두 손을 꼭 잡고, "야야 이제 살 것 같다." "고맙다." 하며 눈물을 뚝뚝 흘렸습니다. 동네 사람도 모두 놀랐습니다. 공무원 시켜 놓으니 빚을 갚았다는 소문이 퍼져 나갔습니다. 여태까지 학교를 보내지 않고 농사일만 시키던 방식에서 학교를 보내는 방향으로 일대 변화가 일어난 것입니다. 동네 어른들은 밥상머리에 앉으면 "입촌댁 둘째 아들 해남이" 얘기가 떠날 때가 없었습니다. 그 덕에 우리 동네가 인근마을에 비해 고등학교 진학률이 제일 높아서 옆 동네 아가씨들은 우리 마을 총각을 최고로 쳐주었습니다. 이렇게 월급을 거의 빚 갚는 데 올인하였으니 여유자금이 전혀 없었을 수밖에요. 사회생활 하려면 퇴근 길에 상사와 대폿잔도 기울이고 선물도 해야 하는데 참으로 저는 쫀쫀한 사나이가 되고 말았습니다. 저의 이 아픈 사정도 모르고 '총각이 너무 여물다. 차돌 같다.'고들 입방아를 찧었습니다. 그렇다고 25살의 나이에 자존심상 이런 얘기를 할 수 없는 노릇이지 않습니까? '73년도에 승진 대상자들이 이제는 교육대상자로 나란히 섰습니다. 다들 결혼도 하고 사회 물정도 밝은데 저는 이번에도 교육을 가는 대열에 빠질 것이 뻔했습니다. 고의로 뺀다는 소문은 무성했지만 신청을 하지 않을 수 없었습니다. 아니나 다를까, 교육대상자에 그 때 승진에서 누락되었던 사람이 들어가고 내 이름은 빠지고 말았습니다.

어차피 승진대상에서 제외되었는데 세게 한 번 부딪혀 보고 싶었습니다. 가만히 앉아서 당하느니보다 시도는 한번 해봐야겠다는 생각이 들었습니다. 그 당시로는 하늘같은 도교육청에 교육대상자 선정 원칙이 뭐냐고 따져보려고 용감하게 올라갔지 뭡니까? 도 인사계하면 문 입구부터 떨던 때인데 난데없이 어린 8급이 찾아왔으니 개청 이후 처음 있는 일인 듯 난감해 하는 눈치였습니다. 원칙을 내미는데 첫 번째가 당해승진 일수가 빠른 사람으로 되어 있었습니다. 그러면 군 입대 전에 먼저 승진을 했기 때문에 당연히 내가 교육대상자가 되어야 했습니다. 사무착오라는 변명과 함께 사과를 받고 내려오기는 했지만 보이지 않는 응징이 뒤따를 줄 몰랐습니다. 그보다 더 중요한 것은 범 무서운 줄 모르는 하룻강아지가 된 것이 아니고 범에게도 달려들 수 있는 강아지도 있다는 것을 알리는 계기가 되었습니다.

그 덕분에 제대하고 다음 인사에서 인사업무를 다루는 교육청 서무계로 갈 수 있었고, 2년 후인 '78년 4월에 7급 승진을 무난히 할 수 있었습니다. 저는 여관방을 얻어 인사작업을 하면서 인사서류에 '8급 최해남 7급에 임함'이라고 쓸 때의 그 황홀한 기쁨을 지금도 잊어버릴 수 없습니다. 인사 관련 서류를 받으러 도에 갔을 때 인사계장이 "최 주사 승진하겠네" 하며 격려를 해주던 기억이 생생합니다. 가만히 있었다면 승진은 물건너가고 괴로움만 쌓였을 게 뻔하지 않습니까? 완주에 사시는 68살 차사순 할머니가 950번 운전면허시험을 쳐서 합격한 이야기를 아시지요? 끊임없이 시도하는 삶은 그렇기 때문에 아름답고 중요하다는 것을 말씀드리는 것입니다.

【문학에의 꿈】

공무원 이야기는 여기서 좀 쉬었다 가기로 하고, 문학의 입문에 대해 이야기할까 합니다. 내가 글을 쓰게 된 동기는 중학교 1학년 때로 기억됩니다. 국어 선생님이 10월경 시를 한 편 써오라는 숙제를 내 주었습니다. 처음으로 시를 쓴다고 끙끙대다가 지게에다 나락을 지고 오는 것이 황금 같다는 시를 지어낸 것으로 기억됩니다. 그 다음 국어 시간에 잘 썼다고 낭독케 한 것이 시발점이 되어 버렸습니다. 그 후부터는 특활하면 문예반이었습니다. 고등학교 때도 문예반에 들어가 줄기차게 시를 썼지만 교내 백일장에 가작 한 번 한 것 외에는 신라문화제전국백일장에 내리 3년을 나갔지만 입선 한 번 하지 못했습니다.

군에서 제대한 '76년 10월 친구와 함께 신라문화제 구경을 하러 첨성대 쪽으로 가다가 내물왕릉에서 백일장을 여는 것이 보였습니다. 초등학교 교사인 친구보고 우리 글 한번 써 볼까 하며 미추왕릉으로 들어갔습니다. 저는 이제까지 시로서는 별무 소득이었는지라 이번에는 산문을 쓰기로 마음먹었습니다. 글제가 '고향'인 것으로 기억됩니다. 군대 생활 할 때 어느 할머니가 건네주시던 떡을 먹으며 고향 어머니를 생각했던 것을 옮겨 적었습니다. 저는 마음속으로 '제발 입선이라도 한 번 했으면' 하는 기도를 했습니다. 발표 날이 되어 이번에도 뭐 되겠나 싶어 별 생각 없이 있었는데 교무실로 학교에 최해남 선생이 있느냐는 전화가 무수히 걸려왔습니다. 신문에 '일반 산문부 장원상에 불국사초등학교 최해남'이라고 실렸기 때문이었습니다. 저는 신문을 보고 심 봉사가 눈 뜨듯 꿈인가 생시인가 싶어 허벅지를 꼬집어 보았습니다. '장원'한 줄도 모르고 지나쳐버릴 수 있었기 때문이었습니다. 아무튼 일반직원이 장원을 하여 신문에 났으니 교장 선생님이 기뻐하였고, 전체 선생님들 앞에서 표창 트로피 전수식을 가졌습니다. 그날 저녁 선생님들과 어울려 트로피에 가득 막걸리를 부어 전투에서 승리한 장군처럼 단숨에 들이켜던 장면이 눈에 선히 떠오릅니다. 더구나 모교 서영수 선생님의 말씀이, 동리 선생님께서 장원 작품을 뽑았다고 하여 그 길로 소설가가 되겠다는 꿈에 빠졌지 뭡니까? 신춘문예 소설 부문에 두 번이나 시도할 정도로 혼이 반쯤 나가 있었습니다.

'94년도에 대구에 오니까 마침 대구시에 문학모임을 만들었어요. 주위의 권유로 가입을 하겠다고 했지만 15년이 넘도록 하도 오랫동안 글을 쓰지 않아서 작품을 내기가 어려웠습니다. 감정이 메말라버린 나를 발견하고 무척 놀랐습니다. 솔직히 글이 되지 않았습니다. 며칠 동안 끙끙거린 끝에 간신히 작품 한 편을 써서 제출할 수 있었습니다. 이것이 문학의 불을 지필 줄을 전혀 예상치 못했던 것이지요. 한 편 , 두 편 신들린 것처럼 작품을 쓰기 시작했습니다. 어떤 때는 하루에 두 편을 쓸 때도 있었습니다. '97년도 8월에는 ≪현대수필≫ 신인상 공모에 '등겨수제비'가 당선되어 수필가가 되었고, 2001년에는 첫 작품집 『굴뚝새가 그리운 것은』을 출간했습니다. 2005년 2월에는 문학세계에서 해바라기, 우물 등으로 시 부문 신인상으로 등단했고, 그 해 4월에는 두 번째 수필집 『빼끼통』을 출간했습니다. 책을 내리라고는 상상조차 못했는데 연이어 두 권을 내고 나니 사람의 잠재력은 끝이 없구나 하는 생각이 들었습니다. 우리 모두가 지금 자신의 모습에 너무 얽매여 있지는 않습니까? 지금 드러난 것은 일부에 불과합니다. 채 개발되지 않은 무한한 잠재력이 더 많이 기다리고 있다는 것을 알아야 합니다. 저는 작고하신 부모님 산소에 책을 놓아 드리고 절을 했습니다. 풀잎들도 바람에 흔들거리며 반겨 주었습니다. 저는 여가가 나면 글을 쓰고 있으며, 시공무원문학회 회장으로 열심히 활동을 했고, 문단에 교류를 하고 있습니다. 이제 3번째 작품집을 낸다고 생각하니 가슴 뿌듯함을 느낍니다.

【성실이 주는 기쁨】

다시 공무원 이야기를 하겠습니다. '78년 12월 포항간호전문대학으로 전근을 가게 되었습니다. 이 학교는 공립이라 일반직원은 도교육청에서 보내고, 교수는 학교에서 채용한 후 교육과학기술부의 감독을 받는 이원화된 구조였습니다. 어쨌든 기성회 수당을 봉급의 70%나 더 주는, 복지면에서는 파격적인 대우를 해주는 곳이었습니다. 업무량도 얼마 되지 않아 하루 두 시간만 바짝 일하면 종일 놀아도 되는 곳이었습니다. 그렇다 보니 점심시간이 3시간이었고, 가장 충실한 나조차 2시간을 보냈습니다. '79년 5월 결혼을 하고 보니 아내는 신기하다는 듯 쳐다보았습니다. 내심 '공무원이 뭐 이런가?' 하는 눈빛이 역력했습니다. 나도 공무원인지 아닌지 모를 정도로 할 일이 없었던 게 사실입니다. 점심시간에 집에 와서 점심을 먹고, 한숨 자고 사무실로 나갔으니 '신선놀음에 도끼자루 썩는 줄 모른다'는 말이 이를 두고 하는 말이 아닌가 싶었습니다. 3년은 근무할 수 있으니 땡 잡았다고 볼 수도 있었습니다. 저는 이래서는 안 되겠다는 생각이 들었습니다. 도교육청을 찾아가서 "일 좀 하게 교육청으로 보내 주십시오." 했더니 모두들 반기는 눈치였습니다. 한편으로는 '돈 많이 주고 편한 곳인데 이런 바보'라는 듯 의아하게 생각하는 것 같기도 했습니다.

포항시교육청 관리과에 발령이 났습니다. 먼저 '알아야 면장'이라 말이 있듯이 일차로 교육법, 시행령과 같은 교육법규, 교육규칙, 예산회계법, 재무회계규칙 등 회계규정 공부에 전념했습니다. 업무의 전문가가 되는 것이 곧 자기발전의 첩경이라고 생각했기 때문입니다. 한번은 모교 서영수 선생님을 만났더니 준교사 시험을 쳐보라고 하면서 합격하면 모교의 국어 선생 자리를 준다는 약속까지 덧붙였습니다. 새로운 고민에 빠졌습니다. 선생을 할 것인가? 공무원을 계속 할 것인가? 숲 속에 두 갈래 길이 있고, 사람이 적게 간 길을 택함으로써 모든 것이 달라졌다는 프로스트의 '가지 않은 길'이란 시를 아시지요? 저는 이 갈림길에서 후자의 길을 선택했습니다. 그리고 이 길로 매진하기 위해 문학과의 작별을 해야 했습니다. 눈에 보이는 모든 문학서적과 습작들을 박스에 넣고 꽁꽁 묶고는 장차 있을 사무관 시험에 대비하기 위하여 지금부터 꾸준히 준비하기로 마음을 굳게 먹었습니다. 사무관 시험에 떨어지는 우를 범하지 않기 위해 7급 때부터 헌법, 행정법 공부에 매진했습니다. 머잖아 교육청 업무의 박사가 되었다고나 할까요 장학진이 맡아야 할 일도 나에게 떨어졌고, 2층 장학사들이 수시로 내려와서 교육행정에 관해 저의 자문을 받아가곤 했습니다.

요즈음 혁신, 혁신 하지만 저는 '70년대에 이미 혁신에 앞장서고 있었습니다. 공문만 오면 내용도 보지 않고 하급기관에 이첩부터 시켜 버림으로써 일선기관에는 쓸데없는 공문이 수북이 쌓이곤 했습니다. 용지 값이며 인건비가 수없이 드는데 자기 돈 드는 것이 아니니까 그냥 지나쳐버리기가 일쑤였지 뭡니까? 이러한 무사안일한 행정풍토를 고치기 위해 문서통제를 엄격히 하여 불요불급한 공문이 하부로 내려가는 것을 막았습니다. 이렇게 해서 연간 20%의 문서량을 감축하는 효과를 얻었습니다. 또 제가 맡은 감사업무 한 가지를 예로 들면, 감사를 나가면 중요한 지적사항은 그냥 넘어가버리고, 사소한 것만 수북이 지적하는 것이 관례화 된 풍조였습니다. 그러니 백년하청이었지요. 저는 정반대로 사소한 것은 현지 지도로 갈음하고, 중요한 잘못만 지적해오는 방법을 취했습니다. 그렇다 보니 자연적으로 확인서 양이 적을 수밖에 없었고, 확인서를 많이 받아오라는 계장의 지시를 어기는 꼴이 되어 감사가 끝나면 호된 꾸지람을 들어야 했습니다.

한번은 하루에 한 번만 시내버스가 들어가는 벽지학교 감사를 갔는데 화장실에 들어선 순간 잘하고 있다는 감이 들었습니다. 회계 서류 한 권 중 한 장만 보고 단번에 잘하고 있다는 것을 알았습니다. 저는 바로 서류를 덮고, "잘하고 있습니다." "뭐 부탁하실 것 없어요?" 하고 물었습니다. 감사 온 사람이 감사는 않고, 부탁할 일을 물으니 신기하게 생각하면서 망설이는 것 같았습니다. 저의 끈질긴 부탁에 당시 금액으로 50만 원만 지원해 주면 비가 새는 관사를 잘 고칠 수 있다는 말을 들었습니다.

다음 날 확인서 한 장 없이 학교 운영을 잘하고 있으며, 예산 50만 원의 지원이 필요하다는 출장 복명을 교육장께 드렸습니다. 우리 계장은 물론 예산부서 계장, 과장까지 이 사람 단단히 로비를 당했구나 하는 눈치였습니다. 교육장은 너무 기분이 좋아서

"최 주사 정말 일 잘한다."고 칭찬을 해주었습니다. 그 후로 저의 말은 진실로 믿어주는 분위기가 형성되어 근무하는 맛이 났습니다. 정직은 시간이 흐를수록 쌓여가고, 거짓은 들추어지고 만다는 것을 간과해서는 안 될 것 같습니다.

【행운은 기다리는 사람에게】

행운은 갑자기 나타나는 것 같지만 그동안 쌓인 것을 바탕으로 온다는 것을 경험하는 계기가 주어졌습니다. 운이 따랐는지 우리 교육장이 도교육감이 되었고, 저 같은 사람이 도에 간다는 것은 꿈도 못 꿀 시절에 도교육청으로 발탁이 되는 행운을 얻었습니다. 그 전에는 도에서 007가방을 들고 출장을 오면 같은 입사 동기생인데도 근처에 가지 못하고 멀리서 부러운 눈으로 바라볼 뿐이었습니다. 저 같은 사람은 저곳에 아예 낄 자격이 안 된다는 생각을 하고 있었고, 이러한 생각이 얼마나 자신을 작게 만드는 것인 것조차도 몰랐습니다. 세상에 본래부터 안 되는 것이 어디 있습니까? 노자 말씀에 하늘은 성근 것 같으면서도 결코 빠뜨리지 않는다는 '천망회회소이불루'란 말이 있습니다. 꿈과 성실이 두 손을 잡는다면 반드시 성취할 수 있다고 믿습니다.

교육청 근무 시절, 남들이 다 좋아하는 경리파트에 가지 않고 오로지 기획 부서에 근무하면서 근무성적을 챙겨 놓은 것이 또 하나의 행운을 만들어 주었습니다. 근평과 교육점수가 아주 좋아 단번에 도 서열 상위권에 진입할 수 있었고, 넉 달 만에 6급 승진이라는 작은 기적이 일어났습니다. 만 31세에 지방 교육청에서 6

급이라는 것은 대단한 일이었습니다.

【일곱 번째 시도】

저는 더 큰 희망을 향하여 서울 중앙부처로 가야겠다는 새로운 시도를 감행했습니다. 서울에는 친척도, 아는 사람도 없었으니 무작정 상경의 어려운 길을 택했습니다. '84년 7월 1일 산업통상자원부(당시 상공부) 기획관리실 발령을 받고 환희에 찬 것도 잠시, 난제가 밀려 들어왔습니다. 서울의 전세 값이 상상을 초월했기 때문입니다. 서울서 제일 싼 곳을 찾아 화곡동으로 정했지만 경주 전세의 3배를 주고도 반 지하방을 겨우 얻을 수 있었습니다. 엄습해 오는 습기와 바퀴벌레와의 싸움을 해야 했고, 경제용어와 무역용어와의 격투도 벌여야 했습니다. 특히 시골 고등학교 서무과에 있던 사람이 상공부에 왔으니 무역 부문에 문외한이라 선임자들은 '무역용어'를 들먹이며 으스대기 일쑤였습니다. 저는 이를 악물었습니다. 무역협회에서 발행한 1,000페이지도 넘는 '무역실무' 책을 옆구리에 끼고 다니다시피 했습니다. '별것 있나? 조금만 열심히 하면 될 건데' 하는 자신감이 생겼습니다. 문제는 사무관 시험 과목이 경제학과 무역학인데 고등학교 졸업과 동시에 공직에 발을 딛고, 10여 년 간 제대로 된 학문의 기회를 잡지 못했으니 이 공부가 보통 큰일이 아니닙니다. 이럴 줄 알았으면 한국방송통신대학 경제학과를 들어갔을 걸 하고 후회도 해보았지만 다 지난 일이었습니다.

서점에 가서 조순 경제학원론, 박홍립 경제학 원론부터 샀습니다. 본격적인 경제학 공부가 시작된 것입니다. 무역학개론은 학문성이나 전문성 면에서 경제학보다는 떨어졌고, 이해도 하기 어려웠습니다. 무역학 개론이란 개론 교과서는 다 섭렵하다시피 했습니다. 공부와의 전쟁이 시작된 것입니다. 통근버스에서도 경제학, 무역학 책을 펼쳤습니다. 11시까지 야근을 하고 마지막 지하철에서도 책을 놓지 않았고, 술이 거나하게 취해도 이 책만은 놓지 않았습니다.

통신대 행정학과 5년제를 '83년도에 입학하여 '88년 2월에 졸업습니다. 36살의 나이에 늦깎이로 얻은 꿈같은 행정학사 학위, 나에게는 그 어떤 것과도 견줄 수 없는 값진 것이었습니다. 그 이듬해 3월에 기다리던 사무관 시험이 있었습니다. 7명 선발인데 33명까지(5배수) 응시할 수 있었고, 승진후보 서열 끝 순으로 겨우 턱걸이 할 수 있었습니다. 문제는 승진후보자 점수가 가산되기 때문에 필기시험에서 5점을 더 받아야 상위서열을 제치고 합격할 수가 있었으니 낙타가 바늘구멍을 통과하는 것만큼 어려웠습니다. 선임들의 야유를 극복하기 위해 무역실무 책을 열심히 공부한 게 큰 덕을 보아 무역학을 만점 받았고, 무난히 선배들을 뛰어넘어 합격을 했습니다. 첫 번째 시험에 응시하여 한 번에 되는 경우는 거의 드물었고, 대부분 삼, 사수가 되어야 붙을지 말지였는데 행운을 얻은 것이었지요. 8, 7, 6, 5, 4, 3, 2급 7단계의 승진, 그 계단을 올라가는 데 얼마나 힘이 들었겠습니까? 그 많은 단계 중 가장 기뻤던 것은 사무관 시험 합격 때가 아닌가 싶습니다. 그리고 전 가족의 환영을 받은 것도 이 때였습니다. 5:1의 높은 경쟁을 뚫어야 하는 내공도 있어야 했고, 이때부터 임용권자가 대통령으로 바뀌는 등 대우도 달라지는 관문이기 때문이었습니다.

사무관 시험을 치르고 영 자신이 없었습니다. 발표 전날, 안전행정부에 잘 아는 사람이 있으면 이 날 오후면 합격 여부를 알 수 있는 날이기도 했습니다. 저는 3년 후배인 안전행정부 사무관에게 합격을 하면 집으로 연락해 달라는 부탁을 하고 다른 사람들과 마찬가지로 사무실을 나갔습니다. 집으로 전화하면 단번에 알 수 있을 텐데 불안해서 전화를 못 하고 속만 태웠습니다. 밤 10시 노원전철역에서 공중전화기 앞에 섰습니다. 다이얼을 돌리다 말고 또다시 돌리다가 용기를 내어 전화를 걸었습니다. 전화를 받자 말자 집사람은 "인혜 아빠 합격했어요." 하지 않겠습니까. 저는 그대로 전화통 앞에 주저앉아버렸습니다. 10분이 흘렀을까? 집사람은 아이 둘을 데리고 1km나 되는 역까지 달려왔습니다. 저는 아내를 힘껏 안았습니다. 저는 지금도 그날의 아내의 기쁜 숨결을 잊지 않고 있습니다. 그동안 공부 스트레스로 걸핏하면 짜증만 부렸던 저의 편협함에 대한 미안한 마음으로 등을 쓸어 주었습니다. 아내의 기쁨의 눈물, 인생은 이런 재미로 사는구나 싶었습니다. 피나는 노력과 끊임없이 시도하는 삶이 주는 기쁨은 이래서 가치가 있는 것입니다.

【학력 고질병을 뛰어넘어】

여기서 공무원 얘기를 잠시 쉬고, 학력에 관한 얘기를 할까 합니다. 우리 사회의 고질병 하나가 실질적인 지식보다도 외관상의 학력 중심 풍조가 아닌가 싶습니다. 학력 때문에 좌절의 경험을 처음 겪은 것이 한국소비자보호원이 처음 생긴 '86년으로 기억됩니다. 6급 직원에게 과장 자리를 준다기에 펄떡 손을 들었습니다. 그런데 이게 웬일입니까? 대졸 아니면 안 된다는 통첩이 내려왔습니다. 방통대 3학년이었으니 탈락이 되고 말았고, 우리 사회의 학력의 벽을 실감케 했습니다. '92년도쯤인가 또 한 번은 디자인 담당 사무관 때인데, 대기업 디자인 연구소장의 간절한 특강 요청이 있어 연수원에 나갔습니다. 특강 전에 이 연구소의 수석부장이 강사 소개를 위해 저에게 와서 학력을 물었고, 저는 이제는 대졸을 한 터라 자신 있게 방통대 행정학과를 나왔다고 했습니다. 그런데 이게 웬일입니까? 수석연구원의 얼굴이 빨개지면서 어쩔 줄 몰라 하는 것 같았습니다. 저도 단번에 학력 때문이구나 하고 알아챘지만 난감하기는 마찬가지였습니다. 이런 미묘한 시간의 흐름을 보고 급기야 소장이 쫓아오게 되었습니다. 이 소장 눈치 9단인지 설명도 듣지 않고 "야, 너 들어가 내가 소개할게." 하며, 마이크를 잡더니 고시와 같은 사무관시험에 합격한 분으로 소개가 이루어졌습니다. 저는 '아이고 통신대 가지고는 안 되겠구나!' 기회가 되면 대학원을 가야겠다는 생각을 하게 되었습니다.

그 후로 세월이 강산 하나를 변할 때쯤인 '98년에 계명대학교 산업기술대학원에 특별장학생으로 들어갈 행운이 왔습니다. 2000년 8월 공학석사 학위를 받고 보니 눈물이 핑 돌았습니다. 이제 어디 가도 강의를 자유롭게 할 수 있겠구나 생각하니 가슴이 뿌듯했습니다. 학위서를 가슴에 품어 보았습니다. 진한 향내가 났습니다. 학교를 못 보내 가슴 아팠던 어머니께 제일 먼저 달려가고 싶었습니다. 대학원을 나온다는 게 믿어지지 않은 일이지만 얼마나 대견하게 생각하셨을까? 중학교에 못 가서 울던 어린 시절이 파노라마처럼 지나갔습니다. 작지만 가슴 뭉클한 행복을 맛볼 수 있었다는 게 큰 행복이 아니겠습니까?

【여덟 번째 시도】

다시 공무원 쪽으로 발걸음을 옮기겠습니다. 사무관 될 때가 40 초반이었습니다. 그 때 10년 후의 저의 위치를 생각해보니 나이가 많아 조직에서 밖으로 나가 주었으면 하는 사람이 될 게 뻔하다는 생각이 들었습니다. 조직에서 필요한 사람이 되어야지 소외되는 사람이 되기가 싫었습니다. '지방으로 내려가야지' 하는 생각을 하고 보니 10년간 상공부에 근무를 했지만 이렇다 할 중요 보직을 맡아보지 못한 게 마음에 걸렸습니다. 제 양심에 상공부에 근무했노라고 떳떳하게 말할 수가 없었기 때문입니다. 그래 제일 힘이 드는 곳에서 열심히 일 한번 해보고 떠나야지. 하는 생각이 들었습니다. 산업통상자원부가 R&D정책에 대한 눈을 뜨고 처음으로 산업기술과를 만든 게 이 무렵이었습니다. 지금은 1개과가 2개국 이상으로 확장되었다고 합니다. 저기면 제가 상공부에 근무했다고 할 만한 곳이었다고 생각하고 이 과의 근무를 자청했습니다. 과장을 포함한 전 과원 중 나이가 제일 많은 사무관으로 근무가 시작되었고, 매일 12시가 넘어야 퇴근을 할 정도로 일이 많았습니다. 그러나 공무원 40년 경력 중에 가장 가치 있는 정책을 발굴한 곳이 바로 여기라고 자부하는 곳이기도 합니다. 중앙부처에서는 고시 출신이 아니면 중요정책 입안에 참여하지 못하는 게 현실입니다. 제가 맡은 업무가 그 당시 1,000억 원의 공업기반기술사업 지원자금 담당업무와, 기술정보, 산업디자인 세 파트였는데 저의 눈에 산업디자인이 번쩍 띄었습니다. '92년도만 하더라도 산업디자인은 산업정책에서 소외되어 있었고, 아무도 관심이 없었던 업무였습니다. 담당부서만 하더라도 중소기업지도과, 농촌경제과, 생활용품과, 산업진흥과 등등 명맥만 유지해 온 터였습니다. 저는 마음속으로 쾌재를 불렀습니다. 이제 정책다운 정책을 한번 개발해 볼 수 있다는 생각을 하니 기분이 날아오를 것 같았습니다. 그러나 막상 이 일을 시작하고 보니 난관이 이만저만이 아니었습니다. 높은 사람의 관심이 없는 일을 한다는 게 문제였습니다. 공업기반기술개발사업이 더없이 중요한데 "쓸데없이 디자인이라니" 하는 불만이 역력했습니다. 제가 볼 때는 산업디자인이 제품의 가치를 높이고, 마케팅의 중요한 부문이라는 확신을 가졌습니다. 휴대폰이나 옷을 살 때 디자인을 가장 중요하게 생각하지요? 저는 디자인 때문에 매일 깨지면서도 매일 디자인정책 수립을 위해 뛰어 다녔습니다. 이 분야의 저명한 사람이라면 다 만나러 다녔습니다. 일요일도, 야간에도 교수연구실도, 교수댁도 가리지 않고 미친 듯이 찾아 나섰습니다. 산업디자인진흥원에서는 저를 디자인 국장이라고 부를 정도였습니다. 국장이 이사인 이사회도 사무관, 과장이 위원인 운영위원회에도 사무관, 심사위원회에도 사무관, 디자인 부문에서는 아예 저 혼자서 북 치고, 장구 치고

도맡아 했습니다. 산업디자인에 앞서가는 일본을 벤치마킹하기 위해 도꾜, 오사카도 날아갔습니다. 제가 얼마나 열정을 기울여 일했는가는 지방에 내려온 지 20년이 다되어가도록 어쩌다 TV같은 데서 디자인 뉴스가 나오면 집에 들어서기가 무섭게 집사람으로부터 "오늘 TV에 디자인 나왔어요."라고 할 정도입니다. 우여곡절과 피나는 노력 끝에 정부수립 후 처음으로 '산업디자인발전 5개년 계획'을 수립했습니다. 차관 주재로 산업디자인진흥위원회에서 이 발표를 하면서 예산을 전년 대비 무려 10배나 올릴 수 있었습니다. 애석하게도 2년이 지나고서야 디자인이 각광 받기 시작했습니다. 저는 항상 한발 앞서 가는 게 흠이었지만 어떤 면에서는 인기품목이었다면 저에게 이 업무가 돌아오지 않았을 것이라는 생각을 하니 오히려 다행스러운 일이라고 생각했습니다.

몇 해 전 대구에 출장 온 산업통상자원부 디자인 담당 서기관을 만났더니 그때 제가 세운 계획이 디자인 정책의 바이블이 되고 있다는 말을 듣고 심혈을 기울인 보람이 있었구나 하는 생각이 들었습니다.

또 하나는 우리나라 IT산업의 도약에 일조를 한 얘기를 할까 합니다. '93년도쯤으로 기억합니다. R&D담당 부서의 사무관으로서 정책개발을 하기는 해야 되는데 아이디어가 없었습니다. 궁리 끝에 삼성그룹 자료를 받아보기로 했습니다. 비서실에 "R&D쪽으로 정책지원이 필요한 사항이 없습니까?" 하고 전화를 했습니다. 비서실 차장(그룹 전무이사)은 무척 반가워하면서 "일본 퇴직기술자의 기술전수를 받아야 하는데 외환관리규정의 규제 때문에 지사에 송금이 어렵다."며, 자료를 보내겠다고 했습니다. 공무원의 보람은 뭐니 뭐니 해도 정책입니다. 정책을 개발하고 전국적으로 시행될 때 느끼는 즐거움은 공무원이 아니고는 맛볼 수 없는 쾌감이라는 생각이 듭니다. 저는 즉시 삼성자료를 가지고 재무부에 외환관리규정 개정 요청을 했습니다. 재무부의 반발이 거세었고, 급기야 양 기관의 국장과 사무관이 참석한 가운데 경제기획원 대외경제조정실장 주재로 회의가 열렸습니다. 저의 제안 설명을 듣고, 재무부의 고시 출신 젊은 사무관이 반대 논리를 폈지만 재무부 국장이 동의하여 승리?의 영광을 안을 수 있었습니다. 비 고시 출신으로 외환관리규정 개정 싸움에서 이긴다는 것은 거의 불가능한 일이었지만 열정과 노력으로 성사를 시키고 나니 가슴이 벅차올랐습니다. 지금도 생각하면 '그때 외환관리규정을 개정하지 않았다면 오늘의 IT강국이 있었을까?' 하는 보람이 듭니다.

【아홉 번째 시도】

'95년부터 지방에도 자치단체장을 직접 선거로 뽑는 지방화의 문이 열린다고 했습니다. '94년 저는 지방화 시대에 중앙과의 교류를 위해서는 중앙정부 출신이 필요할 것이라는 생각을 하고, 지방에 내려가기로 결심했습니다. 또 무작정 대구행 표를 끊었습니다. 그러나 저의 생각은 이상에 불과했습니다. 경제국에 보내주겠지 하고 발령장을 받는데 공무원교육원 교관에 보함이라는 소리를 듣고 깜짝 놀랐습니다. 군 훈련소에서 교관 소리를 들어봤지 사무관이 교관이라니! 대구시 사무관 중에서 제일 안 가려고 하는 보직이 이 자리라는 것을 후에 알았습니다. '아이고 큰일 났구나.' 교관 3년, 공무원교육원 서무과 3년, 본청 말단 계장 3년, 10년의 세월이 지나고 나면 50 중반이 아닌가. 서기관은커녕 제대로 된 보직도 못 받고 하차할 수밖에 없다는 계산이 나왔습니다. '행정법' '지방자치' 두 과목을 가르쳤지만 6급 교육생들이 아예 교관을 무시하는 투였습니다. '별 볼일 없는 사람.' 참 답답했습니다.

저는 비상탈출을 하기로 했습니다. 인사 관련 국장을 찾아가서 경제 전문가인데 경제국으로 보내줘야 않겠느냐고 하소연했습니다. 지연, 학연, 혈연의 온정주의에 빠져 있는 우리나라 행정풍토를 탓하면 무어 하겠나 싶었습니다. 저의 간절한 호소가 먹혔는지 교관 6개월 만에, 대구시 전입 6개월 만에 수출진흥계장으로 보직이 바뀌었습니다. 무슨 놈의 세상이 기적도 많지 남들은 이것도 기적이라고 했습니다.

이제 제대로 보직도 받았으니 열정적으로 일하여야겠다는 생각이 들었습니다. 중소기업수출보증보험지원제도, 해외시장개척단, 중소기업공동브랜드 '쉬메릭' 창시 기반 마련 등 모든 지혜를 짜내어 정책개발에 나섰습니다. 고요한 연못에 돌을 마구 던진 셈이었고, 질투와 시기가 빗발쳤습니다. 굴러온 돌이 박힌 돌을 뺀다고 야단들이었습니다. 가만히 있어도 죽고, 움직여도 죽을 바엔 세게 움직이는 편이 낫다는 것이 제 인생 경험이고 철학이었습니다.

탁상행정이 아닌 살아있는 행정을 하려면 현장을 접하는 것이 첩경이라는 생각이 들었습니다. 말만 하는 중소기업지원이 아닌 실질적인 지원을 위해서는 부지런히 중소기업을 찾아갔습니다.

가는 곳마다 제일 걱정이 수출은 하고 싶은데 어학을 하는 직원이 없다는 것입니다. 통역이나 오퍼에 대한 해석, 오퍼를 보내는 것 등 어학 지원을 해달라는 요청뿐이었습니다. 통상적으로 볼 때 자금지원이 줄을 이을 것으로 생각했는데 의외의 건의를 받은 것입니다. 저는 이것을 해결하기 위한 방법을 찾기에 골몰했습니다. 국립대학교인 경북대 교수를 활용하면 어떨까 하는 생각이 떠올랐습니다. 곧장 경북대로 달려갔습니다. 경북대에 '어학당'이라는 어학원이 있었고, 원장께 이 이야기를 드렸더니 쌍수로 환영하는 것이 아니겠습니까? 그 길로 곧바로 대구시와 경북대가 '통상전문인력센터' 개설 협약을 맺고, 중소기업에 대한 인력 지원에 나섰습니다. 지금은 수요가 넘쳐 대구시 통상정책 중 가장 실질적인 지원시책이 되고 있다고 합니다. 저는 이 정책을 제안하여 '제안상'을 받고, 특별 호봉승급도 했습니다. 일하면 최해남이라는 인식이라도 심어야겠다는 생각을 구체화시키기 위해서는 새로운 정책을 쉼 없이 발굴하는 길밖에 없었습니다. 지금 생각해 보면 계장 시절 가장 보람되었던 일은 EXCO사업의 예산 확보였다고 생각합니다. '97년도쯤이었을 것으로 기억됩니다만 하루는 경제국장의 호출이 있어 급히 달려갔습니다.

"어이 최 계장, 중소기업청 J국장 잘 알지?" 저는 영문도 모르고 "아, 예" 했더니 지금 바로 중소기업청에 J국장을 만나 EXCO 예산 날아간 것을 문제 사업으로 올려달라고 부탁하라는 것입니다. 담당 업무도 아닌데 J국장과 내가 친밀한 사이라는 것을 알았던 것 같았습니다. 사전 예약도 없이 중소기업청에 바로 올라가 국장을 만났습니다. 원래는 담당사무관과 과장을 만나는 게 순서였으나, 사안이 중요하여 절차를 뛰어넘은 것이지요. 국장은 사무관과 과장을 국장실로 불러 "최 사무관 입장을 봐서 좀 도와주는 방향으로 해보자"고 하였으나, 처음에는 난색을 보이다가 가까스로 수용하는 눈치였습니다. 이러한 노력 덕분에 간신히 예산을 살려 현재 큰 컨벤션센터로 발전할 수 있었던 것입니다. 세찬 저의 시도는 무거운 벽을 조금은 허물 수 있었습니다. 승진을 위한 다음 수순은 어려운 자리에 가는 것 외에는 방법이 없다는 생각을 했습니다. 언론을 담당하는 공보관실 보도계장에 발탁되었습니다. 업무특성상 음주를 많이 해야 했고, 매일 저녁 초주검이 되다시피 했습니다. 어느 날은 눈을 떠보니 집사람이 눈물을 뚝뚝 흘리고 있는 것이 아닙니까? 남편이 저렇게 하다가 병이라도 들면 어떻게 하나 하는 걱정의 눈물이었습니다. 희생 없는 성공은 없다는 게 저의 신조가 아닙니까? 그래 승진이 목전에 있는 것도 이유겠지만 지금까지 희생한 것이 아까워서도 여기서 그만둘 수 없었습니다. 죽기 아니면 까무러치기로 신체검사도 미루고 1년 8개월 만에 남보다 한 차례 늦었지만 2001년 서기관 승진에 성공했습니다.

승진 후 제일 먼저 달려간 곳이 병원이었습니다. 내시경을 해보니 아니나 다를까 위가 세군 데나 커다랗게 헐어 있었습니다. 의사 선생님은 "아이고 미련 곰탱이입니다."라고 말했지만 세상 일이 다 맘대로 되는 거냐고 속으로 말하면서 웃고 말았습니다. 다행히 궤양 직전에 발견하여 한 달 약으로 완치될 수 있었으니 이도 행운이 아닌가 싶습니다.

【대구시 과장 시절】

과장 첫 보직이 '실업대책반장'이었습니다. 노사업무와 공공근로사업이 주된 업무였지요. 그 때도 삼성상용차 노조 문제로 시끄러웠습니다. 없어진 삼성상용차 직원이 남구청에 노조 설립을 신청하여 수리를 받았지 뭡니까? 노동법을 분석해 보니 노조 설립을 할 수 없는데도 남구청이 해주어 감독청인 대구시가 '취소'를 할 수밖에 없었습니다. 노조와 남구청 두 곳과 싸움이 있었지만 법원 판결은 대구시의 손을 들어 주었습니다.

다음 보직은 이름도 긴 대구광역시농수산물도매시장관리사무소장이라는 보직이었습니다. 대구시의 도매시장 법인 취소와 위장거래 등으로 하루도 조용한 날이 없었습니다. 투서와 투서, 진정과 진정……, 서로가 서로를 헐뜯는 광경이었습니다. 원칙과 청렴이 아니면 살아남을 수가 없는 공무원의 무덤 같은 곳이었지요. 압수수색과 미행, 아파트 앞에서의 시위 등이 난무했지만 소형 프라이드를 타고 다니는 소장을 어떻게 할 수는 없는 게 아닙니까?

원칙과 청렴, 그리고 조화는 모든 일의 근본이라는 생각을 떨칠 수 없습니다. 나는 원칙에 따른 법집행을 하면서 한편으로는 도매시장 이해당사자를 모아 협의회를 구성하여 매달 한 번씩 회의를 열었습니다. 조화와 타협도 중요한 부분이었고, 일본 도매시장 견학계획도 세워 화합의 분위기도 마련해 보았습니다.

경찰청 수사에 관한 일화를 소개할까 합니다. 수사관 앞에서 담당계장과 함께 조사를 받으러 갔습니다. 압수수색까지 받았으니 이번에는 피할 길이 없겠구나 하는 생각이 들었습니다. 딱딱한 피의자 좌석에서 심문을 받으면서 한숨이 절로 났습니다. 같이 간 계장은 압수당한 자료를 찾아 제시하면서 얼굴색이 하얗게 얼어 있었습니다. 심문이 끝나자 수사관이 "소장님 조사는 끝났고, 계장들을 부르겠다."고 하지 않겠습니까? 사는 "소장이 책임진다는데 계장은 왜 부릅니까?" 하며, 평생 경찰서 구경도 못한 나이 많은 이분들에게 피해를 주면 안 된다는 생각을 했습니다. 수사관은 서류를 덮으면서 "소장님 수사 끝났습니다. 오랫동안 수사관을 해왔지만 상관이 책임진다는 말은 처음 들어봅니다."며, 감동하는 것 같았습니다. 이 사건은 투서로 시작되었지만 아무도 다치지 않고 내사종결되었으니 얼마나 다행스러운지 모릅니다. 자칫하면 40년 공직생활에 오점을 남길 뻔했던 참으로 아슬아슬한 순간이었습니다.

세 번째 보직은 청소년과장이었습니다. 과장이 되어 청소년쉼터를 가보고 눈물이 났습니다. 지금은 허물어지고 없지만 경대병원 뒤 낡은 단독주택에 쉼터를 만들어 놓았는데 기가 막혔습니다. 쉼터가 아니라 비행이 저질러질 수 있는 환경이었습니다. 저는 제 임기 중에 꼭 쉼터 하나는 마련해야겠다는 결심을 하였습니다. 청소년위원회의 회의에 참석했는데 천우신조인지 담당과장이 전에부터 알고 있던 같은 읍의 학교 후배였습니다. 위원장과 과장에게 자초지종을 설명하고 시범사업으로 예산을 지원해달라는 부탁을 드렸습니다. 자료를 만들어 수차례 발품을 판 덕분에 30억 원의 시범 예산을 받았습니다. 저는 지금 약전골목에 세워진 '청소년지원센터'를 볼 때마다 가슴 벅찬 보람을 느끼곤 합니다.

장기 교육 1년을 마치고 과학기술과장 보직을 받았습니다. 경북도와 첨예하게 경쟁하고 있던 DGIST의 입지를 달성 현풍지역의 테크노폴리스에 정할 수 있었고, 국립대구과학관을 대구에 설립할 것을 제안하여 예비타당성조사를 통과시키고 예산을 확보하였습니다. 지금도 그때 KDI, 기획예산처 분들의 말씀이 기억납니다. "최 과장의 열정을 생각해서 예타를 통과시켜 주는 것입니다."

대구시 의회 경제교통전문위원을 거쳐 녹색성장정책관으로 가게 되었습니다. 이 자리에 가면 더 어려워질 것이라는 주위의 권고도 있었지만 이를 악물고 이 어려움을 뛰어넘었습니다. 진정한 프로는 상대방이 다리를 건다고 넘어져서는 안 되겠지요?

【열 번째 시도】

2009년 말 마지막 승진의 관문이 남아 있었습니다. 이제 물리적으로 임기가 2년 남짓밖에 남지 않았으니 이번에 이름이 오르지 않으면 기회가 없어지는 셈이었습니다. 9급에서 3급 승진, 욕심일성싶기도 했고, '4급 10년 차니 당연 승진을 하여야 하지 않느냐?' 하는 당위성을 주장해 보기도 했습니다. 이리저리 귀동냥을 해봐도 모두 어렵다는 분위기이었습니다. 잠도 제대로 오지 않고, 번민이 계속되었습니다. 정치력이 없는 자신을 질책해 보기도 하고, 그동안 쌓은 업적을 몰라주다니 하고 섭섭한 마음을 표출해 보기도 했습니다. 그런데 이게 웬일입니까? 이대로 주저앉을 수 없다는 강한 에너지가 다시 솟아났습니다. 실적이 없으면 몰라도 그만큼 일해 놓고 어디 말이 될 소린가 하고 다짐을 했습니다. 이리

뛰고 저리 읍소하며 올바른 평가를 호소했습니다. 해돋이 행사장에 두꺼운 잠바로 무장한 채 와룡산을 올랐고, 하산하자마자 충혼탑 참배까지 내리 참가했습니다. 그리고 연휴 동안 효험이 있다는 갓바위, 운문사 사리암, 은해사 기기암을 찾았습니다. '진인사대천명'인데 마음잡는 것이 더 중요하다는 생각이 들어서였습니다. 인력으로 할 수 없는 것은 종교의 힘에 의지하는 것 아니겠습니까? 지성이면 감천인지 1월 11일자로 국장이 되는 행운을 얻었습니다. 예전이도 그랬듯이 맨 먼저 부모님 산소부터 찾았습니다. 그 어려운 가운데에서도 고등학교에 입학시켜 주신 공덕에 감사드리고 싶었습니다. 끊임없이 시도하는 삶, 그 눈부신 아름다움을 가질 수 있도록 해주신 보이지 않는 사랑을 엎디어 느끼고 싶었습니다.

【대구시 국장이 되어】

생각지도 못한 환경녹지국장 보직을 받고 보니 꿈만 같았습니다. 꿈이라는 것은 늘 그 이면에 '현실적인 어려움'이라는 것을 감추고 있는 법입니다. 비록 짧은 기간이지만 제대로 된 국장을 하고 싶었습니다. 정책개발을 위해 안간힘을 쏟았습니다. 원래 환경국이란 곳이 규제 중심의 집행 업무가 주여서 정책을 개발하기가 쉽지 않은 문제를 안고 있었습니다. 경제국 출신답게 산업 쪽으로 방향을 잡지 않고는 정책을 찾을 수 없다는 것을 알고, 환경정책과에 환경산업담당(사무관)을 신설하였습니다. 2012년도 신규예산사업으로 RDF(폐자원연료화사업) 사업비 1,797억 원 중 국비 720억 원, 영남권환경산업종합기술지원센터 418억 원 중 국비 210

억 원, 아토피힐링에코센터 100억 원 중 국비 50억 원 등 3개 사업을 신청하여 이를 확보하였습니다. 예산을 신청하고 백방으로 뛰어다니는데 한 번은 기획예산처 담당국장이 저를 부르는 게 아니겠습니까? "국장님 13개 시도 중에 환경분야 신규사업을 신청한 곳이 한 군데도 없는데 대구만 3개의 신규사업 신청은 이해가 되지 않습니다."고 했습니다. 저는 "40년 다 되어서 국장이 되었는데 정책발굴을 못 해 시장님께 깨지는 것이 싫어서 밤잠을 안 자고 제가 직접 개발한 것입니다."고 솔직하게 말씀을 드렸더니 고개를 끄덕였습니다.

민원처리 성공사례 한 건만 소개할까 합니다. 서구 '가르뱅이' 마을에 대구시 분뇨처리시설이 있었습니다. 그 뿐이 아니고 인근에 염색공단 폐수처리시설, 하수처리장 등 환경 비친화적인 시설이 밀집되어 있는 곳이기도 했습니다. 분뇨처리장을 지하화하고 이곳 지하에 음식물폐기물처리시설을 추가로 하게 되었습니다. 주민들이 발끈하고 일어났습니다. '왜 이곳에 폐기물 처리시설만 들어오느냐?'는 항의가 있을 수밖에 없었습니다. 주민대책위원회가 구성되었고 협상이 시작되었습니다. 주민들의 요구는 '도시가스시설 설치'와 '각 세대별 가스보일러 무상 설치'였습니다. 이 공사와 무관한 일이지만 고속철 방음벽 설치 등 최대한 주민의 요구를 수용하는 쪽으로 행정력을 모았습니다. 그러나 가스보일러의 무상설치는 예산으로 할 수 없는 부분이어서 딜레마에 빠졌습니다. '궁즉통'이라는 말이 있듯이 이 공사를 맡고 있는 대우건설 대표가 고민을 알아차리고 선뜻 주민들에게 보일러 설치를 해주겠다고 했습니다.

저는 이 사실을 시장께만 보고 드리고 담당과장에게까지도 비밀에 부쳤습니다. 이 사실이 밖으로 드러날 경우 또 다른 요구에 직면하게 될 것이 뻔했기 때문입니다. 가스보일러 무상 설치 건을 잡고 밀고 당기기를 계속해야 했습니다. 가장 미안한 것은 담당과장과 계장, 직원이 오랫동안 어려운 싸움을 하게 한 것입니다. 전략을 성공하기 위해서는 어쩔 수 없는 선택이었지만 마음의 부담이 많았습니다. 주민 대표와의 최종 협상 일이었습니다. 난감해 하는 직원들과 협상장에 도착했습니다. 저는 주민대표를 다른 장소에 불러서 "가스보일러 설치를 무상으로 해드리겠으니 박수로 협상을 완료하자."고 했습니다. 주민 대표는 좋아서 어쩔 줄 몰라 했고, 협상장에서 이 사실을 공표하고 박수를 치자고 했습니다. 저는 지금도 그때 주민대표의 박수소리가 떠올라 환한 웃음을 짓곤 합니다. 시장께서 "이런 민원은 쉽게 끝나지 않을 걸" 하는 말씀이 있었지만 고질 민원도 혼신의 노력을 하면 해결이 가능하다는 것을 보여주는 사례가 아닌가 싶습니다. 우리 직원들은 저의 발걸음 소리를 듣고 힘이 넘쳐난다고 했습니다. 어영부영 시간을 보낸다고 더 편하겠습니까? 열심히 살아가는 모습이 더 아름답습니다. 열정이야말로 저를 발전시키고, 가정과 사회, 더 나아가 인류를 발전시키는 원동력이라고 생각합니다.

【대학교수의 꿈】

2007년 8월에는 몽매에도 잊지 못할 대학교 시간 강사를 얻을 수 있었습니다. 경북대학교 산업대학원에서 '산학협력'강좌를 맡을 수 있었습니다. 첫 강의를 마치고 학교 주변 막걸리 집에서 학생들과 대폿잔을 나누면서 '교수님' 소리를 들을 때 눈시울이 뜨거웠습니다. 학교를 가지 못해 가슴 아팠던 추억이며, 대학 졸업장이 없어 좋은 자리에 중도하차 했던 일들이 웃음꽃으로 피어났습니다. 이제 국립대학교 교수가 아닌가? 한껏 기분이 고조되었습니다. 갓 고등학교를 졸업한 공직 초기, 토요일 저녁이 생각났습니다. 술 한잔 걸치고 쇠고기 반근, 200g을 사서 고향집을 찾을 때 달빛을 벗 삼아 노래를 부르며 걸어가던 흥겨움이 되살아났습니다. 오랜만에 술이 거나하게 취하여 흘러간 옛 노래 '물새야 왜 우느냐?'를 흥얼대며 걸었습니다.

2011년 공직을 마감하고, 대구경북섬유산업연합회 상임부회장이 되었습니다. 행운을 얻은 셈이지요. 좋은 일이 생기면 또 좋은 일이 생길 때도 있는가 봅니다. 퇴직하고 시간강사를 하는 것이 소원이었는데 그 해 가을 계명대학교 환경대학 겸임교수를 받았습니다. 교수가 되었다니 꿈만 같았습니다. 2년간 겸임교수를 하였으니 더 이상 바랄 게 없다는 생각이 들었습니다. '중학교 가지 않고 꼴머슴 했더라면…….' 감사하는 마음으로 삶을 더 가치 있게 살아갈 생각입니다.

【공직자의 자긍심】

어려웠던 공직 40년의 길을 비뚤어지지 않고 잘 마무리할 수 있었습니다. 돌이켜보면 저야말로 공무원 체질인 것 같습니다. 사실 저는 초·중·고 12년 동안 단 한 번도 우등상을 받아보지 못했습니다. 그런데 공무원이 되어 교육을 받으러 가면 우등상은 '따놓은 당상'이었으니 얼마나 큰 행운을 얻었습니까? 어디 그뿐입니까? 대구시장공로표창, 내무부장관표창, 총무처장관표창, 상공자원부장관표창, 대통령표창에 이어 영예의 홍조근정훈장까지 받았으니 감사하기 이를 데 없지요.

사람들은 월요일이 되면 출근하기가 싫은 월요병에 시달린다고 합니다. 저는 어떻게 된 판인지. 40년이 넘었는데도 월요일이 되면 더 신이 나는 것입니다. 출근을 하지 않으면 도리어 병이 저는 병을 가지고 있으니 말입니다.

어느덧 저의 인생도 가을자락에 와 있습니다. 저는 저에게 '끊임없이 시도'해 준데 대해 환한 미소로 답해주고 싶을 때가 있습니다. 그리고 언제나 제 마음의 스승이던 '마음은 미래에 두고 사는 것'은 숱한 어려움을 딛고 일어서는 원동력이자 희망이었습니다. 포기하지 말고 끊임없이 시도하는 삶, 지나고 나면 그리워지는 것이 얼마나 아름다운 삶이겠습니까?

【민간경제단체에서】

2011년 5월 25일 40년간 몸 담아온 공직을 마치고 나니 한편으로는 섭섭하고, 한편으로는 큰 멍에를 벗어 놓은 듯 홀가분한 생각이 들기도 했습니다. 명예퇴직을 하고 6월1일자로 임기 3년의 대구경북섬유산업연합회 상임부회장으로 부임하게 되었습니다. 9급에서 2급까지 승진할 수 있었는데, 열정적으로 일 한번 해봐야지 하고 소매를 걷어붙였습니다. 대구상공회의소 상공의원까지 맡아 분에 넘치는 복을 받은 게 아닌가 하는 조심이 앞섰습니다. 관에서 저도 모르게 배인 관료의 옷을 벗는 데도 시간이 필요한 것 같았습니다. 민간인이 된다는 게 쉬운 것이 아니라는 경험을 하게 되었습니다. 중국어를 조금 할 수 있다는 게 얼마나 도움이 되었는지 모릅니다.

작년 항저우에서 '섬유수주상담회'를 가서 한 회사 사장과의 대담 내용을 하나 소개할까 합니다. 마침 그날따라 성장의 방문이 있어서 사장이 매우 바빴는지 건성으로 손님을 맞이하는 것 같았습니다. 상대회사 사장이 앉자마자 저는 "소동파 선생이 서호에서 달을 건졌지만 저는 이 회사에서 작은 달 하나 건져가겠습니다."고 했습니다. 이 말을 듣고 여자 사장은 자세를 고쳐 앉아서는 "소동파의 어느 시에 그런 말이 있지요?" 하지 않겠습니까? 사장은 "항저우에 유명한 습지가 있는데 한 번 보고 가시지요?"를 덧붙이게 되었고, 저는 "대구시 환경녹지국장을 한 사람이라 이미 어제 서호와 습지를 둘러보고 왔습니다."고 화답하였습니다.

소통이 얼마나 중요한가 하면 이 몇 마디 대화를 하면서 의전이 싹 바뀌었다는 게 아닙니까? 갑자기 비서를 불러 일정에 없던 회사 투어를 지시하였고, 멈춰 있던 에스컬레이트를 작동하느라 부산을 떨었습니다. 물론 그날 어느 기업은 예정에 없던 '오더'를 받게 되었고요. 요즈음 회자되고 있는 인문학의 중요성이 중국에서 유감없이 발휘되었다고나 할까요?

【열한 번째 시도】

이제 열한 번째 시도를 하고자 합니다. 공직 40년의 노하우와 민간경제단체에서 3년의 경험을 이 세상을 떠나기 전에 전부 쓰고 가야겠다는 생각을 하게 되었습니다. '노하우의 사회 환원'인 셈이지요. 물을 보면 겉으로 보기에 깨끗한 물인 것 같지만 이것을 컵에 담아 두고 오래 있으면 침전물이 가라앉는 것을 보게 됩니다. 글을 쓰다가도 틀린 글자가 있어도 자신이 봐서는 그 오자가 잘 발견되지 않을 때가 있습니다. 우리 사회를 변화시키는 도구가 정책이라고 한다면 정책의 결정과 집행에 있어서 오류도 있기 마련입니다. 커다란 시행착오는 고치는 데 자원의 낭비가 심각합니다. 사전에 오류를 바로잡고 보다 더 효율적이고 발전적인 방안을 도출할 수 있다면 우리 사회에 얼마나 큰 도움이 되겠습니까? 이제까지 수동적인 삶이었다면 능동적으로 참여하는 지식인이 될까 합니다. 시민을 위한 삶에 저의 마지막 정열을 쏟을까 합니다. 그 길이 험하고 어려울수록 끊임없이 시도하며 다음 세대를 위한 거름이 되었으면 합니다. 그러기에 또 다른 저의 모습을 만들 것이라고 생각하며, 지금까지 살아온 것보다 더 치열하게 마지막 불꽃을 태울 것입니다. 주민을 위해 희망을 만들어가는 끊임없는 저의 노력의 길이 될 것입니다.

【나가면서】

우리는 현재 두뇌의 10%만 사용한다고 합니다. 남은 90%는 노력 여하에 따라 그 영역을 넓혀 갈 수 있을 것입니다. 멋있는 인생, 우아한 인생은 현재를 얼마나 열정적으로 사느냐에 달려있다고 생각합니다. 내일을 걱정할 것이 아니라 오늘 무엇을 할 것인가가 더 중요합니다. 도전하는 삶도 멋이 있지만 작지만 알찬 시도가 우아함을 창조하는 열쇠가 아닌가 생각합니다. 바구니 안을 비워야 담을 것이 있습니다. 쓸데없는 걱정의 보따리는 던져버려야 합니다. 저 찬란한 태양이 떠 있는 한, 저 녹음이 짙은 것처럼 청춘의 펄럭이는 혼불이 빛나는 한 망설임 없이 시도하고 또 시도한다면 희망을 가까이로 다가올 것입니다.

주먹을 쥐면 아무것도 없는 것 같아 보이지만 그 주먹 속에 무엇을 염원하며 쥐었느냐에 따라 그 주먹을 다 폈을 때 결과가 달라진다는 것을 말하고 싶습니다. 보이는 것보다 더 큰 세계가 끝없이 펼쳐져 있다는 것으로, 이미 행복의 문 앞에 와 있는 것입니다. 저는 모교의 교훈인 '희망은 크게' '신념은 굳게' '아량은 넓게'를 늘 가슴에 새기고 있습니다. 늘 희망을 크게 가지는 것이 성공의 시작이라고 생각합니다. 인생에 절망은 없습니다. 자신이 그렇게 보았을 뿐이고, 절망이란 벽 너머에 새로운 희망의 싹이 트고 있는 것을 보지 못하였을 뿐입니다. 포기하지 말고 끊임없이 시도하는 삶. 그리고 지나고 나면 그리워지는 멋진 인생. 한번 겨루어 볼 만하지 않습니까? 왜냐하면 그 어떤 어려움도 순간에 지나가기 때문입니다.

【열두 번째 시도】

저의 열두 번째 시도는 앞으로 사랑과 봉사를 위해 끊임없이 시도할 것이므로 여백으로 남겨 둡니다.